1e pre. éditon dudit 1548 Paris
une ij° de Lyon Rigaud 1576
celle cy est la plus belle — qui est la ij°

Mr Juge s'est trompé quand il a cru
que Charles Fontaine auteur du Quintil
l'étoit aussi de l'art Poétique qui est
de Thom. Sibilet par lequel voyés
Pasquier Recherches L.7.C.6. et L.8.C.3.
L. aussi L. 3
Du Verdier L. 7. Loisel p. 523. La Croix du Maine
Du Verdier qui estropient son nom ce
Dernier luy attribue mal le Quintil

p. 292 et table

Y. 4327.

Réserve

Ye
11523.

1212

ART POËTIQVE FRANÇOIS,

Pour l'instruction des ieunes studieux, & encor' peu auancez en la Poësie Françoise.
par Thomas Sibilet

Auec le Quintil Horatian, sur la defense & illustration de la langue Françoise.
par Charles Fontaine

Reueu, & augmenté.

A LYON,
PAR THIBAVLD PAYAN.
M. D. LVI.

AV LECTEVR.

E que tu liras icy, Lecteur, escrit en ta faueur touchant la bonne part de ce, que appartient à l'art de la Poësie Françoise, n'est autre chose qu'vn tesmoignage de ma bonne volonté. Volonté (dy-ie) que i'ay grande long téps a, de voir, ou moins d'escriuans en ryme, ou plus de Poëtes François. Lesquels voiát enuieilliz, & quasi enseuelis souz l'obscure troupe de ces tels quels escriuans, ne me suis peu garder d'escrire: afin que ces gentils rymeurs par la cognoissance de l'art, qu'ils pourront prendre de mon escriture, se gardent d'escrire, s'en cognoissans bien loing reculez: ou, s'ilz continuent d'escrire, qu'ilz le facent auec l'art. Gaignant l'vn de ces deux poins, auec tant peu que tu voudras de ta faueur & bonne grace, ie me tien dray asses recompensé de mon tout tel quel labeur, voire, fust il plus grand de la moitié. A Dieu. A Paris, le vingtseptieme de Iuin,
L'an de salut
1548.
*

A 2

A L'ENVIEVX.

Qu'ay-ie esperé de ce tant peu d'ouurage,
Que ma plume a labouré cy-dedans?
Honneur? nenny: ie suis trop ieune d'ans
Pour le gaigner, de sauoir d'auantage.

Profit? non plus: de tout tel labourage
Auiourd'huy sont les fruis peu euidens.

T'enseigner? moins: ie say tes yeux ardës
Ne se eclarcir de tant vmbreux nuage.

Quoy dõq? te plaire, entreprenãt motrer
Qu'l vouloir i'ay de voir garder les Muses
Entre François leur naïue douceur.

Et le montrant si i'ay peu rencontrer
Chemin pour y venir, que tu en vses:
Si non, que tu en montres vn plus seur.

PREMIER LIVRE DE L'ART POETIQVE FRANÇOIS.

De l'antiquité de la Poësie, & de son excellence.

CHAPITRE I.

OVTES LES ars sont tant conioinctes auec ceste diuine perfection, que nous appellons Vertu, que outre ce qu'elles ont asfis leur fondement sur elle, comme pierre quarree & ferme, encor ont elles emprunté d'icelle leur vertueuse appellation. Et pourtant ceux qui ont dit, que la vertu & les ars sourdoiët d'vne mesme source, c'est à dire, de ce profond abyme celeste, ou est la diuinité, ont bien entendu, que la felicité de cognoistre les choses, & la perfection de les bien faire, auoient tout vn & mesme effet. Aussi est-ce que nous appellons science, mere (à vray dire) & nourrice de l'œuure vertueux a chose propre à la diuinité: & de ceste sciëce l'art est tant prochaine, & fraternelle, que les prenant vn pour autre, on ne seroit de guere abusé. Et certes, comme en tous

a Genese chapitre 4.

les

les ars ceſte eſtincelle du feu diuin à l'aprocher de l'eſprit ſon ſemblable, a rend lumiere, par laquelle ell'eſt euidemment cognuë: auſſi en l'art Poëtique (me ſoit permis de nommer art, ce que plus proprement i'appelleroie diuine inſpiration b) reluyt elle en plus viue & plus apparente ſplendeur. Car le Poëte de vraye marque, ne chante ſes vers & carmes autremẽt, que excité de la vigueur de ſon eſprit, c & inſpiré de quelque diuine inſpiration. Pourtant appelloit Platon d les Poëtes, enfans des dieux. Le bon Ennius e les nommoit ſaints, & tous les ſauans les ont touſiours appellez diuins, f comme ceux qui nous doiuent eſtre ſingulierement recommandez, à cauſe de quelque don diuin, & celeſte prerogatiue, laquelle eſt clerement monſtrée par les nombres, dont les Poëtes meſurent leurs carmes, par perfection & diuinité, g deſquels ſoutient & entretient l'admirable machine de ceſt Vniuers, & tout ce qu'elle cloſt, & contient. Mais qui pourroit raiſonnablemẽt aſſermer que la Poëſie fuſt de nature & de premiere naiſſance, ſans eſtude, doctrine ou preceptes, h autrement que diuinement donnée: Car ce qu'en Poëſie eſt nommé art, & que nous traitons comme art en ceſt opuſcule, n'eſt rien que

a Virgile.
Eneid. 6
liure.

b Enthouſiaſme.

c Ciceron en l'oraiſon pour Archias.
d Platõ au dialog. 10 & au liure ſecond de la repub.
e Ennius en Medee.
f Virgile Eclo. 5.
g Nõbres de Pythagoras au Timée de Platon.

h Ciceron en l'oraiſon pour Archias.

la

la nuë escorce de Poësie, qui couure artificiellement sa naturelle seue, & son ame naturellement diuine. Laquelle encor de son origine & premier vsage, & de la continuation d'iceluy iusques au present nostre siecle, te sera tant apertement montree, que tu penseras te faire plus de tort, qu'à elle, luy niant sa diuinité.

Moïse premier diuin prestre, premier conducteur du diuin peuple, & premier diuin Poëte, apres auoir triomphé du danger de la mer rouge, & de la cruelle malice de l'Egyptien Pharaon, a chanta il grace & louange à Dieu, autrement qu'en vers poëtiquement mesurez? Depuis luy, Dauid chanta-il ses Psalmes, b Salomon ses Prouerbes, c les trois enfans en la fornaise leur Cantique, d les Prophetes leurs predictiõs, e Hieremie ses lamentations, f autrement qu'en mesure versifiee? Mais, ie te prie, lecteur, les chantarent ils tous, autres qu'inspirez de l'esprit de Dieu? Ces Oracles sont tant certains & asseurez de diuinité, que le doute n'y a que mordre. Et les responses que rendoient aussi entre les Grecs Apollo Pythien, & Delphique, g Themis, & autres tels Dieux & Deesses par les bouches de Phemonoë, Deïphobe, & autres telles Sibylles, estoient en vers, h & si elles n'ont

a Exode, chap. 15.
b Au liure des Psalmes.
c Aux Prouerbes de Salomon.
d Daniel, chap. 3.
e Esaie, chap. 36.
f Aux threnes de Hieremie.
g Pline, liure 7. chap. 6.
h Horace.

A 4 telle

Dictæ p car-
mina sor-
tes. Verg. 6
Aeneï. Fo-
lijs ne car-
mina man-
da.

telle asseurance de diuinité que les Oracles susdits, si en ont elles tant grande apparence, qu'en a esté apparente l'opinion de ces diuins espriz Grecs & Latins.

a Tite Li.
1. liure de-
puis la vil-
le fondee.

Les Romains mesmes dés le commencement de leur ville, regnant Numa Pompilius, feirent chanter à leurs Salies, prestres de Mars a louanges & supplications aux dieux mesurees en carmes poëtiques, lesquels en la continuation de leurs ceremonies ont esté tousiours harmonieusement chantez en leurs temples & sacrifices. Nous aussi, qui tenons le vray charactere de la diuinité, chantons la pluspart des louanges & prieres, que nous dressons à Dieu & ses saints, en vers & carmes mesurez. Et puis pourra nier aucun aux Poëtes leur diuine precellence ? Laquelle cognuë par les monarques & souuerains seigneurs des hommes, & des terres, voiãs, & oians dire qu'vn Mercure, vn Apollo, vn Arion, vn Amphiõ, vn Orphee par la douceur de ses vers chantez auoit illustré la gloire des plus hauls & plus puissans dieux, prinrent ensemble enuie de s'egaler aux dieux, & estre comme eux louez & cognuz à la posterité par le carme des Poëtes. De là Homere, de là Hesiode, de là Pindare, resentirent entre les Grecs, admiration & louange de leur

diuine

diuine verſification, & tous ceux qui ſuiuans leurs traces, ont eſté depuis entre les Grecs honorez Poëtes. De là Liuius Andronicus, de là le pere Ennius, de là le plaiſant Plaute trouuerent nom & faueur entre les Romains, & apres eux Virgile, Ouide, Horace, & autres infinis, furent enrichis, fauoris, & honnorez à Rome des Ceſars, des Senateurs, & du peuple. Et depuis la Poëſie aiant là trouué vn des plus hauls degrez de ſon auancement, dont la fureur des guerres l'auoit abaiſſée, ſe releua entre les Italiens, retenans encor quelque veſtige de ce floriſſant empire par le moien d'vn Danthe & d'vn Petrarque. Puis paſſant les mons, & recognuë par les François aux perſonnes de Alain, Ian de Meun, & Ian le Maire, diuine de race, & digne de royal entretien, a trouué n'agueres ſouz la faueur & eloquence du Roy François premier de nom & de lettres, & maintenant rencontré ſouz la prudence & diuin eſprit de Henry Roy ſecond de ce nom, & premier de vertu, telle veneration de ſa diuinité, que l'eſperance eſt grande de la voir dedans peu d'ans autant auguſte que elle fut ſouz le Ceſar Auguſte. Emeu d'affection que i'ay de la voir telle, & luy voulant auancer du peu que i'ay de puiſ-
ſance

sance, ie m'en vay montrer à toy (lecteur studieux de la Poësie Françoise, mais encor peu auancé en icelle) tout ce que fait à l'art de ce qu'on appelle Ryme, le plus clerement & breuement que faire se pourra.

Qu'est ce que le François doit appeler Ryme.

CHAP. II.

L'Ancienne poureté de nostre langue Françoise, ou l'ignorance de noz maieurs, a fait, que ce que le Latin en la fleur de sa langue appeloit, carme ou vers, & que le Grec deuant luy auoit nommé, metre, proprement & doctement tous deux, a esté en l'exercice & en la lecture de la Poësie Françoise vulgairement appellé iusques à present, Ryme: si tant passablement qu'il se puisse tolerer, certes moins proprement que le mot, Ryme (que sommes contrainz auouër pris du Grec ῥυθμός.) n'admet en sa signification, & que la purité de nostre maintenant tant bien illustree langue ne permet. Car le Grec le nommant metre, c'est à dire mesure, regardant la dimension des nombres & mesures du carme, ne peult auoir que doctement parlé: & le Latin le nommant, carme, c'est à dire chanson: & vers,

& vers, c'est à dire contourne, fondant en l'vn la forme du carme, qui luy fut premierement donnée telle expres pour chanter: en l'autre la matiere du vers, laquelle par la variation & contour de ses mots, en fait la mesure & composition douce: a designé ensemble sa proprieté & erudition. Mais le François l'appellant Ryme, encor qu'il ait suiuy quelque apparence de ce, que est principal au carme, a toutesfois improprement approprié à ses vsages, ce qu'il a autrement auec industrie pris de plus riche que soy. Car bien qu'il y ait au carme consonance & modulation, laquelle le Grec denotoit par le vocable ῥυθμός, neantmoins ne le simple carme François, ne tout l'œuure basty de carmes François ne peult estre proprement de là nommé Ryme, attendu que les vers & le Poëme seront mieux dits auoir pour ornement & forme consonance & modulation, qu'eux mesmes appellez ainsi. Ce que le Romain a notamment obserué, quand il a appellé ῥυθμός, a non les vers ne les periodes, ains les nombres & especes des temps, qu'il a diligemment obseruez. Vray est, que ce qui est plus communément appellé Ryme en nostre langage François, auec plus de raison semblera auoir receu ceste appellation

a Quintil. li. 9. cha. 4. des institutions ora.

tion. J'enten ceste parité, resemblance, & consonance de syllabes finissantes les vers Erançois, laquelle non receuë par les autres langues en la desinence de leurs carmes, a toutesfois esté admise par elles pour ornement de leur oraison soluë, suiuant le plaisir qui en touche l'oreille : & l'a nommée le Grec ὁμοιοτέλευτον, le Latin Similiter desinés, a proprement tout deux. Le François l'a appelée Ryme, corrompant le mot ῥυθμός, par l'elision du θ, & parlant moins proprement, pource qu'autre est le ῥυθμός, du Grec, autre la Ryme du François, comme auons ja montré. Tolerablement cependant,, si nous regardons que la resemblance des syllabes finissantes les vers françois, n'est autre chose, que consonāce portant par l'organe de l'ouye delectation à l'esprit. Delectation dy ie causée par l'effect de la Musique, qui soutient latemment la modulation du carme, en l'armonie de laquelle les vnisons & octaues (qui ne sont que paritéz differemment assises, ainsy qu'en la ryme) sont les plus doux & parfaitz accors. De là est, que le rude & ignare populaire ne retenant des choses offertes que les plus rudes & apparentes, oiant & lisant les carmes françois, en à premierement & plus promptement rete-

a Quintil. li. 9. chap. 3

retenu & pris la ryme : du nom de laquelle partie a aufsy premiérement failly en nommant tout le vers & l'œuure : puys renforçant ceste faute, d'vne autre engendrée par la premiere, a appellé les Poëtes Françoys, rymeurs, s'arrestant à la nue escorce, & laissant la féue & le boys, qui sont l'inuention & l'éloquence des Poëtes : qui sont mieux appeléz ainsi que rymeurs. Et ne deuons auoir honte de deuoir ce mot au Grec & latin, esquelz en deuons tant d'autres, pour de luy honorer ceux Maroz & Saingelais, qui en meritent le nom : appellans consequemment les œuures de telz diuins poëtes, poëmes, carmes, & vers : & laissans la tourbe ignare appeler les ignaues & leurs œuures, rymeurs & rymes. Ignaues dy ie & ignares ensemble, qui iugent auec le peuple leur auteur les vers bons & receuables, à la fin desquelz, apres dés mots temerairement assembléz, comme buchettes en vn fagot, y a deux ou trois lettres pareilles, qui seruent de rioter.

De l'inuention premiere partie de poësie.

CHAP. III.

LE fondement & premiére partie du Poëme ou carme, est l'inuention. Et ne doit on trouuer estrange, si ie donne en l'art poëtique les premieres parties à celle, laquelle les Rhetoriciens ont aussy nombrée premiere part de tout leur art. Car la Rhetorique est autant bien espandue par tout le poëme, comme par toute l'oraison. Et sont l'Orateur & le Poëte tant proches & conioints *a* que semblables & egaux en plusieurs choses, differents principalement en ce, que l'vn est plus contraint de nombres que l'autre. Ce que Macrobe *b* conferme en ses Saturnales, quand il fait doute, lequel a esté plus grand Rhetoricien, ou Virgile, ou Ciceron. Supposé donq que celuy, qui se veult exercer en la Poësie françoise, soit autrement bien versé & entendu en toutes les parties de Rhetorique, il doit toutesfois estre plus expert en l'inuention, comme celle, qu'il a particulierement plus commune auec l'Orateur: & de laquelle resulte toute l'elegance de son poëme. Car aussy peu profite le vuide son des vocables, *b* souz lesquelz n'y a rien de solide inuention, comme le papier laué de couleurs, que legere mouilleure legerement efface: Pour cela disoit Horace n'estre pas assez, que le vers ayt ses nombres & syllabes pour faire nommer son auteur poëte; mais fault, disoit

a Cicerō 1. li. de l'Orateur à Q. son frere.
b Cinquieme li. cha. 1

b Ciceron au p̄mier liure de l'Orateur.

disoit il, a qu'il ayt entendement & esprit diuin pour meriter l'honneur de ce nom: desirant par ces mots l'inuentiō subtile au poëte, comme il a plus clerement exprimé incontinent apres, disant en ce mesme lieu: N'y a ne vehemence d'esprit, ne force aux mots & aux choses, & ne sont differens les vers (des mauuais poëtes entendoit il) du langage vulgaire d'autre chose, que de leurs nōbres & leurs pieds. Mais la necessité & vtilité de ce fondement est assez prouuée: reste cercher des pierres pour l'assoir. Trouue donq le Poëte auant toute autre chose, qu'il puisse proprement dire, & commodement adapter au subiet qu'il veult deduire en son Poëme, tant soit grand, ou tant soit petit. Expliquer, ce, que ie dy, par le menu, seroit de plus grand labeur & retardation, que de plus apparent profit. Et quād tout est dit, entreprēdre de le specifier, ne seroit autre chose, que desfiler que la toile de Penelope. Pource me cōtenteray d'estendre le doigt vers la fontaine, & dire que le premier point de l'inuētion se prend de la subtilité & sagacité de l'esprit: laquelle si Dieu a denié à l'hōme, pour neant se trauaillera il de dire ou faire en despit de Minerue: b singulierement en l'art de poësie, que lon tiēt cōmunément

a Horace en la 4. satyre du 1. des sermōs.

b Horace en l'art poë.

&

& bien, se parfaire plus de nature que d'art, iouxte la vulgaire sentence qui dit, le Poëte naist, l'Orateur se fait. Et encor que Horace [a] a semble donner faculté égale à la nature & à l'art, & les requiére amiables coniurateurs à la perfectiō du poëte, si a il par deuant assez euidemment montré, qu'il se fault conseiller à sa nature comme premiere & principale maistresse. Et ce qu'il a egalé en cest endroit l'art à la nature, ne tend à autre fin qu'à retenir tant les rudes que les ingenieux en l'amour & suite de la poësie: comme a fait Quintilian [b] mesme, quand il a dit, parlant de son art, en ce propos, que l'vn ne se pouoit parfaire sans l'autre: donnant toutefois plus à la nature, qu'à l'artifice, cōme veult la verité. Le surplus de l'inuention, qui cōsiste en l'art, prendra le poëte des Philosophes & Rheteurs, [c] qui en ont escrit liures propres & particuliers, cōme celuy que i'ay deuant supposé sauant en l'art de Rhétorique. Si te veux bien auiser que l'inuention, & le iugement compris souz elle, [d] se conferment & enrichissent par la lecture des bons & classiques poëtes françois, cōme sont entre les vieux Alain Chartier, & Ian de Meun: mais plus luy profiteront les ieunes, comme Imbus, de la pure source françoise, esclarcie par

[a] En ce mesme art poët.

[b] Liu. 2. chap. 20.

[c] Ciceron aux partitions orat. Quintil. aux Instit. ora. Aristote en ses Rhetoriques.
[d] Quintil. li. 3. cha. 3.

seu

feu tresiluſtre & treſſauant Prince François Roy de France, viuant pere de son peuple, & des Poëtes françois, entre leſquelz lira le nouice des Muſes Françoiſes Marot, Saingelais, Salel, Heroet, Sceue, & telz autres bons eſprits, qui tous les iours ſe donnent & euertuent à l'exaltation de ceſte françoiſe poëſie, pour ayder & roborer de leur inuention & induſtrie ſon encor imbecille iugement: & autrement les ſuiure pas à pas comme l'enfant la nourrice, par tout ou il voudra cheminer par dedans le pré de Poëſie.

Et pource que la diſpoſition ditte par le Grec, οἰκονομία, ſuit de pres ceſte inuention, & eſt neceſſaire au Poëte, a il ragardera auſsy ſongneuſement à ioindre les vnes choſes aux autres propremẽt au progrés de ſon poëme: & y mettre les fins & les commencemens tant bien-ſeans, qu'il ne ſoit repris comme le ſot couſturier faiſant le capuchon de la cappe du plus laid & mal vny endroit de la friſe, & rempliſſant les quartiers de là robbe noire, d'vne piece ou rouge ou verte. Le pourtrait auſsy & exemplaire de ceſte Economie ſe pourra propoſer és œuures des ſuſdits Poëtes françois: mais encor pourra il grandement enrichir & l'inuention & l'Econo-

a Horace en l'art poëti. au commẽcement.

B   mie,

mie, de la lecture & intelligence des plus nobles Poëtes Grecz & Latins : esquelz les plus braues poëtes de ce temps, s'ilz eu fussent interrogez, auoueroient deuoir la bonne part de leur stile & eloquence : car, à vray dire, ceux sont les Cynes, des ailes desquelz se tirent les plumes dont on escrit proprement.

Du style du Poëte : du chois & ordre des vocables, appellé en Latin, Elocution.

CHAP. IIII.

CE fondement ietté par l'inuention, & le proiet du tout, le futur bastiment pris par l'Economie, suit la queste des pierres ou briques pour l'eleuer & former. Celles sont les dictions, mots ou vocables : entre lesquelz y a autant bien chois & election, comme entre les choses, pour en reieter les mal conuenantes & apres, & retenir les propres & bien seantes. Encores icy recourrons nous à nos peres les Grecs & Latins, Rheteurs & Poëtes : qui enseignās l'vsage des mots, ont dit, qu'il les fault prendre de la bouche de chacun, a pource qu'il est le Monsieur, au gré duquel les plus huppes s'esforcent escrire. Mais encor fault il que le iugement s'y vienne meler

a Ciceron au commencement de l'Orateur

ler ; car tout chacun ne parle pas bien, & à Quint
le chacun qui parle bien, ne parle tousiours son frere.
ne par tout, bien. Face donq le futur poë-
te comme la mouche à miel, qui tant qu'el
le trouue thym, ne s'aſsiet ſur eſpine n'or-
tie : ainſi tant qu'il trouuera mots doux
& propres, ne ſe charge des rudes & aſ-
pres, leſquels (comme diſoit Cæſar) fault
euiter de meſme ſoin que le Pilote fuit le
rocher en la mer. De telz (ie dy doux &
propres) trouuera il foiſon & marché chez
Marot & Saingelais, les deux ſingulière-
ment loués de douceur de ſtyle. Et tout
ainſy que le futur Orateur profite en la le- Quintil.
çon du Poëte, a auſſy le futur Poëte peut 1.li.cha.14
enrichir ſon ſtyle, & faire ſon champ, autrement ſterile, fertil, de la leçon des Hi-
ſtoriens & Orateurs françois. Entre leſquelz il pourra choiſir ceux qui au iugement des ſauans, qu'il hantera, aurôt mieux
eſcrit. Et s'il eſt beſoin de nômer s'il eſcrit
au gré des Damoiſelles (leſquelles de toute
anciêneté ont eſté la plus frequête matiere
du carmes, & là ſont auiourd'huy plus que
iamais) il ſe trouuera touſiours auoué d'elles parlât auec Amadis ou Oriane, le lâga-
ge deſquels eſt receu en la bouche d'elles,
côme plus doux & ſauoureux. Les verſions
pareillemêt des bôs & anciés auteurs, faites

B 2 par

par Macaut & Iean Martin, & autres tels gentils esprits, qui s'eueillent d'heure à autre en l'illustration & augmentation de nostre langue françoise, peuuét beaucoup faire à la copie du futur Poëte, & à l'vsage des mots, qui pour leur nouatiõ sembleroient autrement rudes. Car leur autorité en a ia beaucoup fait receuoir incognuz à nos maieurs, leur autorité dy-ie soutenue par l'art, & par l'industrie, qui sont en l'innouation des mots singulierement requis. Mais pource que les preceptes appertenãs à cecy, sont escritz au long dedans Quintilian, Ciceron & autres Rheteurs, ie veux seulement en cest endroit auiser le futur Poëte, qu'il soit rare & auisé en la nouation dés [a] mots, & comme il est contraint souuent en emprunter, pour (ainsi que dit Horace) descouurir par notes recentes les secrets des choses, aussy le face il tant modestement, & auec tel iugement, que l'aspreté du mot nouueau, n'egratigne & ride les oreilles rôdes. Car l'enuie, tousiours compagne de vertu, gardera iusques au bout sa meschante nature, qui est de trouuer neud, au iõc, & à redire en ce qu'est biẽ & ingenieusement inuenté, comme elle a nagueres fait en la Delie de Sceue, Poëme d'autant riche inuention qui pour le iour-
d'huy

[a] Horace en l'art Poëtique.

d'huy se lise, en laquelle fait tous les iours impression de ses aguës dens de chien, & trouue à reprendre en ces tant doctes epigrammes la rudesse de beaucoup de motz nouueaux, sans lesquelz toutefois l'energie des choses contenues, celée & moins exprimée, eut fait ignorer bonne part de la conception de l'auteur, laquelle auec tout cela demeure encores malaisée à en estre extraite. Or des dictions iusques icy. Parlons maintenant de ce qui plus peculierement appartient au carme françois.

De la diuerse forme, mesures & nombres de syllabes requise au carme François.

CHAP. V.

CEs pierres donq approchées pres ce tant seur fondemēt de bastimēt, quelle en restera la forme? Diuerse, selon l'entreprise de l'œuure, & la commodité de l'assiete. Pourtant voions maintenant quelles mesures, & quels nombres de syllabes reçoit le carme françois, & comment il les varie. Or sont icy les François beaucoup soulagez au regard des Grecs & Latins. Car ils ne sont point astrains à certain nombre de pieds, ne à reglee espace de temps longs ou briefz aux syllabes, comme sont les Grecs & Latins, ains seulement

B 3 mesu

mesurent leurs carmes par nombre de syllabes selon le plus, ou le moins, ainsi que la nature du vers le requiert. Et pource que ce nombre de syllabes plus grand ou moindre y eschet differémment, note sur ce point, Lecteur, que les vers plus communement vsurpez en François sont de neuf sortes.

Neuf sortes de vers François.

De deux syllabes: quels sont ceux d'vn Epigramme De Marot rangé en ses œuures au premier liure des epigrammes, qui dit,

Linote
Bigote
Marmote
Qui coudz
Ta note
Tant sotte
Gringote
De nous.
Les poux
Les clous
Les loux
Te puissent ronger souz la cotte,
Trestous
Tes trous
Ordous
Les cuisses, le ventre, & la motte.

FRANÇOIS
Tu voys que ses vers,

Qui couds,
Les poux,
Les boux,
De nous,
Les clous,&c.

n'ont que deux syllabes. Et ne dois trouuer estrange si en cest epigramme tu y en trouues de trois, comme sont.

Linote,
Marmote.
Bigote,&c.

Car te fault retenir pour regle generale & en ces vers, & en tous autres, que l'e femenin tombant pour derniere lettre en la derniere syllabe du carme, fait que ceste derniere syllabe soit exondante, & pour rien contée, côme te declareray cy-apres plus aplein, quand ie parleray de la difference de l'e masculin, & de l'e femenin. Au chapitre suiuant.

De trois syllabes, quels sont ceux de deux epistres suiuantes l'vne l'autre dedans les epistres de Marot, dont la premiere dit:

B 4   Amy

Amy sure
Ie te iure
Que desir
Non loisir
I'ay d'escrire,&c.

En la suiuante y a au commencement,

Ma mignonne
Ie vous donne
Le bon iour,&c.

De quatre syllabes : quels sont les vers d'vne epistre inseree dans les epistres de Marot, parlant ainsy,

Mes Damoiselles
Bonnes & belles
Ie vous enuoie
Mon feu de ioye:
Si sauoy' mieux
Deuant vos yeux
Il seroit mis,
A ses Amis.
Bien tant soit cher
Ne fault cacher,&c.

De cinq syllabes : quels sont ceux d'vn Epitaphe escrit dedans le Cemetiere de Marot, commençant,

Grison

FRANCOIS.

Grison fut hedart
Qui garrot & dard
Paſſay de viteſſe:
En ſeruant VViart
Aux champs fut erlart
L'oſtant de triſteſſe &c.

De ſix ſyllabes: quels ſont les vers d'vne
Ode de Saingelais qui commence,

O combien eſt heureuſe
La peine de celer
Vne flamme amoureuſe,
Qui deux cœurs fait bruler,
Quand chacun d'eux s'attent
D'eſtre bien toſt content, &c.

De ſept ſyllabes: quels ſont ceux d'vne
autre Ode de Saingelais, commençant,

Laiſſe la verde couleur,
O Princeſſe Cytherée,
Et de nouuelle douleur
Voſtre beauté ſoit parée.
Pleurez le fils de Mirrha,
Et ſa dure deſtinée:
Voſtre œil plus ne le verra,
Car ſa vie eſt terminée. &c.

B 5

De six & de sept syllabes sont aussy plusieurs vers en Marot, nommément la plus part de ceux, qui sont escrits en la version des Psalmes 79. & 86.

De huit syllabes, quels sont ceux de cest epigramme de Saingelais:

Vne belle ieune espousee
Estoit vne fois en deuis
Auec vne vieille rusée.
Et disoit: Dame, a vostre auis
Les hommes sont ilz si rauis
Quand ils le font, & ont ilz bien
Autant que nous d'aise & de bien?
Ie croy, celuy respondit elle,
Qu'ils sentent douceur toute telle,
Mais elle passe comme vent,
Ie m'esbahy donq, dit la belle
Qu'il n'y retournent plus souuent.

Ceste espece est fort vsitée, & la trouueras souuent lisant Marot & les autres poëtes.

De dix syllabes: quels sont les mètres de cest epitaphe de feu monsieur de Bourbon escrit par Marot:

Dedans le clos de ce seul tombeau-cy
Gyt vn vainqueur, & vn vaincu aussi:

Et si

Et si n'y a qu'vn corps tant seulement:
Or esbahir ne s'en fault nullement:
Car ce corps mort, du temps qu'il a vescu,
Vainquyt pour autre, et pour soy fut vaincu.

Ceste espece est encor plus frequente que la precedente, comme trouueras reuoluant les bons Poëtes: Et à vray dire, ces deux dernieres especes, sont les premieres, principales, & plus vsitées, pource que l'vne sert au François de ce, que sert au Latin le vers Elegiaque: & l'autre s'accommode par luy à ce que le Latin escrit en carme Heroïque.

De douze syllabes: qui sont appelez vers Alexandrins, pource qu'on tient que l'histoire d'Alexandre le grand, a esté premierement escrite en semblables vers. Tels sont ceux du suiuant Epigramme dressé au feu Roy François, & escrit au premier liure des Epigrammes de Marot:

<small>Vers Alexandrins.</small>

Celuy qui dit ta grace, eloquēce, & sauoir
N'estre plus grands qu'humains, de pres ne t'a peu voir:
Et à qui ton parler ne sent diuinité,
De termes & propos n'entent la grauité.
De l'empire du mōde est ta presence digne:

Et ta

Et ta voix ne dit chose humaine, mais diuine.
Combien donques diray l'ame pleine de grace,
Si outre les mortels tu as parole & face?

Ceste espece est moins frequente que les autres deux precedentes, & ne se peult proprement appliquer qu'à choses fort graues, comme aussi au pois de l'oreille se trouue pesante. Si en a vsé Marot par fois en épigrammes & épitaphes. Les autres especes de sept syllabes, & au dessouz sont plus propres: aussi lés trouueras tu plus souuent accommodés à escrire chansons, odes, psalmes & Cantiques, qu'à autres sortes de poëmes. Et si par fortune tu lés trouues adaptés ailleurs, comme en Marot par fois en epistres, epitaphes & epigrammes, tu iugeras de là, que l'éspece du carme n'empesche point le Poëme autremét bien fait, de rencôtrer faueur & applaudissemét.

De la couppe féminine, & en quels vers elle est obseruée. Du different vsage de le masculin & femenin, & de l'elision de l'e feminin par l'apostrophe.

CHAP. VI.

Voilà l'apprenty tout prest à bien faire vn carme François, si quelque difficulté eulté, que ie luy veux maintenant déclarer, ne l'en retarde. Car ceſt é, vulgairemẽt appellé fémenin, eſt auſsi faſcheux à gouuerner qu'vne femme de laquelle il retient le nom. Mais quel e, eſt appellé maſculin, & quel fémenin? Tu n'auois que faire de me le demander: car i'eſtoie tout preſt à te dire, que l'e maſculin, eſt celuy, qui a le plein ſon de l'é, & emplit la bouche en prononçant, de meſme ſorte, que lés autres quatre voielles, a, i, o, u: comme ie te vay montrer en cés deux vers de Marot:

Cy eſt le corps Iane Bonté, bouté:
L'eſprit au ciel eſt par bonté monté.

En ces motz derniers, bonté, bouté: bonté, monté, l'é faiſant la fin du mot, & de la ſyllabe, a le ſon plein & fort comme l'é Latin, quand tu dis: *Domine, ne*: ou le diphthonge Grec, æ: & de fait le Picard le prononçant, luy donne le ſon de ceſte diphthonge, combien qu'il doiue eſtre prononcé vn peu plus mollement. Et pourtant eſt il appelé maſculin, à cauſe de ſa force, & ne ſay quelle virilité qu'il a plus que le fémenin. Et ſe ſigne par le bon orthographe François d'vn accẽt graue, ainſi è: bonté, monté: ou ainſi, é. pitié, moitié. Or eſt il aſſez bon homme, & tant peu facheux, qu'il n'est point besoing d'en faire plus long proces: car son vsage est tout tel que celuy des autres voielles.

é femenin.   L'é femenin se cognoistra plus aisément conferé auec son masle: car il n'a que demy son, & est autrement tant mol & imbecille, que se trouuant en fin de mot & de syllabe, tombe tout plat, & ne touche que peu l'aureille, comme tu peux entendre prononçant le suiuant epigramme de Marot, lequel ie t'ay mis icy expres, pource que tous les vers ont en la derniere syllabe é masculin ou femenin: qui te fera plus facilement discerner le diuers son de l'vn & de l'autre.

Quand i'escriray, que ie t'ay bien aimée,
Et que tu m'as sur tous autres aimé:
Tu n'en serois femme desestimée,
Tant peu me sent homme desestimé.
   Petrarque a bien sa maistresse nommée,
Sans amoindrir sa bonne renommée:
Donc si ie suy son disciple estimé,
Craindre ne fault que tu en sois blamée:
D'Aime i'escry plus noble & mieux famée,
Sans que son los soit en rien deprimé.

Pronon

Prononçant, aimée, deseſtimée, tu ſens bien le plein ſon du premier é maſculin en la ſyllabe, mé: & le mol & flac ſon du ſecond é femenin en la ſyllabe derniere, e: Lequel (femenin dy-ie, duquel ie te vay declarer les lunes & eclipſes femenines) tombant en la fin du vers, comme ie t'ay commencé à toucher au chapitre precedent, le fait plus long d'vne ſyllabe n'eſtant pour rien contée, non plus que les femmes en guerres & autres importans affaires, pour la molleſſe de ceſt é femenin. Ce que n'auient pas ſeulement quand il ſe trouue ſeul, mais auſsi quand il tombe en fin de vers auec, s: comme és pluriers, teſtes, beſtes: ou auec, nt, comme és pluriers, battent, crient. Car encor que ceſt é femenin ſoit accompagné, il eſt neantmoins tant effeminé, qu'il ne peult oblier ſa molleſſe, comme tu peux veoir en ceſt epigramme de Marot:

Les cerſz en rut pour les biches ſe battent,
Les amoureux pour les dames combattent:
Vn meſme effet engendre leurs diſcodrs.
Les cerſz en rut d'amour brament & crient,
Les amoureux gemiſſent, pleurent, prient:
Eux & les cerſz ſeroient de beaux accors.
Amâs ſon ſerſz à deux piedz ſouz vn corps
Ceux

Ceux cy à quatre: & pour venir aux testes,
Il ne s'en fault que ramures & corps,
Que vous, amans, ne soiéz aussi bestes.

Mais encor y a il esgard quand, nt, suiuent l'e femenin: car quand la diphthonge, oi, se trouue deuant, ent, auient aucunefois que la diphthonge, oi, & de, ent, ne se fait qu'vne syllabe, comme aux preteris imparfais, disoient, auoyent: & lors l'é femenin par la vertu de la diphthonge precedente e, perd sa nature féminine, & est toute la syllabe estimee masculine, en sorte qu'elle ne est point suiette à la couppe féménine, comme môtrerons tantost plus a plein. Mais quand la diphthonge, oi, se rencontrant deuant, ent, se diuise d'auec eux pour leur laisser faire syllabe, lors l'e femenin retient encor sa feminine nature, comme és presens, voient, croient, enuoient. Et pour te faire plus seur de ceste difference de, oient, de deux syllabes, & oient, d'vne syllabe, tien

Regle à noter. pour regle que les preteris imparfais de l'indicatif, comme, battoiêt, couroient, véoient, & ceux qui sentent leur nature, comme les preteris aussi imparfaits des optatif & coniunctif, & les dictions, soient & auoient, lesquelles tu trouues souuent en la periphrase des autres temps, ont le, oient, d'vne d'vne syllabe, ou l'e, n'est tenu pour femenin. Encor si tu y auises de pres, tu verras beaucoup de gens les prononcer & escrire sans e, comme disoint, soint, auoint, couroint: l'opiniõ desquels n'est sans grãde apparence de raison. Car il semble, puis qu'au singulier disoit, soit, auoit, couroit, n'y a poit d'e, aussi n'y en doit il auoir au plurier.

Mais suiuons propos de cest e, femenin, qui par sa mollesse endure encor autre eclipse. Car quand il se rencontre en la fin d'vn mot escrit au mylieu du vers, & le vocable suiuant commence à vne voyelle, le plus souuent se perd & mange souz le son de la voyelle suiuante, tant en escriuant qu'en prononçant, comme en ceste chanson de Marot: *Elision d'e femenin par apostrophe.*

I'ay grand desir
D'auoir plaisir
D'amour mondaine:
Mais c'est grand peine,
Car chacun loial amoureux
Au temps present est malheureux:
Et le plus fin
Gaign' à la fin
La grace pleine.

Le penultime vers n'est que de quatre syllabes: pource vois-tu que l'e, femenin à la fin du mot, Gaigne, se perd, & mange,

C

en prononçant, Gaings à la fin. Tout ainsi aux trois premieres syllabes des trois premiers vers, esquelles l'e de, ie, & de, de, sont elisez & perdus comme tu cognois, disant: I'ay, D'auoir, D'amour: peur, Ie ay, De auoir, De amour. Ceste figure s'appelle par les Grecs ἀπόστροφος: & nous vsans tousiours de leurs richesses, l'appellons Apostrophe. Laquelle se commet aussi en autres lettres, comme nous montrerons peu apres plus au lõg. Mais ie veux suiure d'vn train tout ce qu'appartient à ce, e femenin, lequel à cause de l'apostrophe est auteur de ce qu'on appelle en Poësie Frãçoise, Couppe femenine. Pour laquelle entendre breuement tu dois noter, que la couppe femenine se fait seulement & obserue és deux dernieres sortes de vers qu'auons aussi dernierement nombrées au chapitre precedẽt, c'est adire, és vers de dix syllabes, surnommés, Heroïques, & és vers de douze syllabes, appelléz, Alexandrins. Ce retenu, auise que la couppe femenine, se fait au vers de dix syllabes, quand en la cinqieme syllabe en fin de mot y eschet e femenin: car auenant ce, fault que la sizieme syllabe commence d'vne voyelle, souz laquelle cest e femenin soit elisé, & mangé par apostrophe; comme plus clerement te fera entendre

Apostrophe.

Couppe femenine.

dre l'exémple aux trois premiers vers de cest epigramme de Marot:

Bien soit venue au pres de pere & mere
Leur fille vnique,& le chef d'œuure d'eux:
Elle nous trouue en douleur trop amere,
Voians vn roy mal sain, las, voire deux:
Elle nous trouue vn œil qui est piteux,
L'autre qui ryt à sa noble venue.
Et comme on voit souuent l'obscure nue,
Clére à moitié par celestes rayons:
Ainsi nous est demy ioye auenue,
Dieu doint qu'en bref entiere nous l'ayons.

Tu vois aux trois premiers vers en ces mots, venue, vnique, trouue, la cinqieme syllabe terminée en e femenin, elisé par apostrophe, suiuant au mot prochain la voyelle premiere: & ainsi synalephant cest e, trouueras le carme de dix syllabes, ou d'onze seulement, suiuant la regle dont ie t'ay deuant auerty, qui autrement en auroit onze ou douze.

Pareillement au vers Alexandrin, ou de douze syllabes, se fait la couppe femenine, quand en la septieme syllabe en fin de mot eschet l'e femenin, lequel ainsi comme en l'Heroïque, fault que il soit elisé par synalephe, commençant le mot

C 2　　　　suiuant

suiuant d'vne voyelle, comme és deux premiers vers de cest epitaphe d'Helene de Boisy fait par Marot:

Ne ſay ou gyt Helene, en qui beauté giſoit:
Mais icy gyt Helene, ou bonté reluiſoit,
Et qui la grand' beauté de l'autre eut bien ternie
par les graces & dons dont elle eſtoit garnie.
Doncques, ô toy paſſant, qui ceſt eſcrit liras,
Va, & dy hardiment en tous lieux ou Iras:
Helene Greque a fait que Troie eſt deplorée:
Helene de Boiſy la France a decorée.

Tu vois és deux premiers vers en la derniere ſyllabe du mot Helene, ceſt e femenin tombant en ſeptieme ſyllabe, ſynalephé, & perdu en prononçant ſouz la voyelle ſuiuante, qui fait que le vers ne reſte que de douze ou treze ſyllabes, qui autrement en auroit treze ou quatorze. Pourtant s'appelle couppe femenine, à cauſe que ceſt e femenin eſt couppé: & de là eſt, que le bien eſcriuant en François, le figure ainſi couppé, e.

Or entens tu, que c'eſt couppe femenine:& l'entendras mieux ſi tu notes encor qu'il te fault bien garder de faire tomber ceſt e femenin en quatrieme ſyllabe, au
carme

carme heroïque: a & en sizieme au vers
Alexandrin. Car la synalephe ne se pourroit bien faire:& si elle ne se faisoit, le vers baailleroit, & ne seroit bien plein:comme tu peux iuger au son de l'oreille, si tu disois en heroïque:

Qui Dieu aime, & son commandement.

ou en Alexandrin:

Amour me fait viure, et ta rigueur mourir.

En ces deux vers mauuais, tu cognois en l'hemistiche ou se commet la couppe femenine, ie ne say quel son rompu, qui ne touche point pleinement ton oreille, soit que tu synalephes l'e, soit que tu le laisses entier. Toutefois pourras tu bien laisser l'e femenin en quatrieme syllabe au carme heroïque, & en sizieme en l'Alexandrin, pourueu que ceste quatrieme ou sizieme syllabe soit incontinent suiuie d'vn monosyllabe commençant d'vne voyelle, souz laquelle cest e soit synalephé, comme disant Heroët en son Androgyne:

Puis que l'ame est en ce corps descendue.

& en ce carme Alexandrin:

a Marot eu Dieugard à la cour, au vers q dit, Remercies ce noble Roy François. n'a pas escrit comme il est faussement imprimé en quelques impressiós Merciéz ce notable Roy François.

C 3 Tout

Tout ce que nature a formé & composé.

Aussi te fault garder que en quatrieme ou cinqieme syllabe en l'heroïque, & en sizieme ou septieme en l'Alexandrin ne tombe l'e femenin auec, s, ou auec nt: car la synalephe ne se pourroit faire à cause des consonantes, & y resteroit son rompu & non plein, dont ie te vien de parler. Fors si, ent, tomboient en quatrieme syllabe aux vers Heroïques, & en sizieme en vers Alexandrins apres la diphthonge, oi, non diuisee, mais coalescente auec cest, ent, en vne syllabe: Car lors l'e est tenu pour masculin, comme ie t'ay n'agueres auerty: tout ainsi que quand, ent, n'a qu'vn i, deuant soy, & se couple auec luy en mesme syllabe. Et en ces cas tous les deux comme masculins ne sont suiets à couppe femenine, ny à son rompu, comme les imparfais, vouloient, voudroient: & les presens, reuient, retient. Exemple du premier en Marot, au dernier metre de cest epigramme:

e demourant masculin deuant nt.

De ceux, qui tant de mon bien se tormentent,
I'ay d'vne part griefue compassion:
Puis ie m'en ry en voiant qu'il augmentent
Dedans m'amie vn feu d'affection,
Vn feu lequel par leur inuention

Cuident

cuident eſtaindre. O la poure cautelle!
Ils ſont plus loin de leur intention,
Qu'ils ne voudroient que le fuſſe loin d'elle.

Exemple du ſecond, auſſi en Marot au troiſieme vers de ceſt epigramme,

Le cler Phœbus donne la vie & l'aiſe
Par ſon baiſer tant digne & precieux,
Et mort deuient ce, que Diane baiſe.
    O dur baiſer, rude, & mal gracieux
Tu fais venir vn deſir ſoucieux
De mieux auoir, dont ſouuent on denie:
Mais qui pourroit paruenir à ce mieux,
Il n'eſt ſi mort, qui ne reuint en vie.

Tu vois en ces mots, voudroient, deuiét ent, en vers Heroïque en quatrieme ſyllabe, & en ſizieme ſyllabe en l'Alexandrin, le trouueras auſſi ſouuent, non ſuiet à couppe ne à rude ſon. Voilà tout ce que ie te puy dire de la couppe femenine, laquelle non obſeruée des anciens, ne de Marot en ſon ieune eage (comme il t'auertyt meſmes en vne epitre liminaire imprimée deuant ſes œuures) toutefois eſt auiourd'huy gardée inuiolablement par tous les bons Poëtes de ce temps: & la doit eſtre par toy, ne fut que pour euiter le ſon abſurde, pour lequel ſont moins priſes

C 4   auiour

auiourd'huy aucuns Poëtes qui ne l'obseruent: bien que autrement soient loués de leur composition.

Or ne reste plus rien à dire touchant ce, que touche le seur vsage de ce facheux e feminin, fors ce, que ie t'ay promis peu deuant, de te declarer l'apostrophe & synalephe plus au long. Pour à quoy satisfaire, tant pour ton respect, que pour le mien, auise toy, que i'appelle l'apostrophe, quád, *Difference de apostrophe & synalephe.* à l'imitation du Grec, l'e femenin ou autre lettre du tout supprimée, l'vne diction se compose auec l'autre: & reste pour le signe de la lettre perdue cest indice (') suspendu entre deux lettres: comme en ces mots, l'honneur, l'hostie, pour le honneur, la hostie. Et i'appelle synalephe, quand l'e feme- *Synalephe.* nin demourant (car elle ne se cōmet qu'en ceste lettre) il se couppe ainsi, ҽ, comme i'ay predit, en signe qu'il le fault laisser, & manger souz la voyelle suiuante en prononçant, comme quand tu dis:

M'amiҽ vn iour le dieu Mars desarma,
Commҽ il dormoit souz la verte ramée.

Es mots, M'amiҽ, Commҽ, l'e n'est pas supprimé du tout, toutefois escrit ne se prononce point, ains se mange souz la syllabe suiuante.

suiuante, dont la couppe telle, e, est indice. | a S'ainsi, en Marot en la seconde elegie cômencât, puis quil te fault deloger de ce lieu, au 31. carme.
Te bailler certaine regle quand tu dois synalepher ou apostropher l'e femenin, & quand non, ie ne puy autrement, pource que cela gyt seulement en l'vsage, au son de l'oreille, & en sain iugement, soit deuât voielle aspirée, ou non aspirée: Car on dit, l'homme, & le hardy l'hostie, & la honte: pourtant le remes-ie à ta discretion. Et t'auerty d'auantage, que bien que la synalephe se commette au seul e femenin, l'apostrophe neantmoins se fait de l'e femenin le plus souuét, & aucunesfois de, a, & i: comme, s'ainsi a pour si ainsi, & l'hostie pour la hostie. Mais note que hors la conditionnelle, si, tu trouueras l'i peu apostrophé. Car ceux qui l'osent apostropher en, qui, disans, qu'est, pour qui est, semblent le faire sans exemple, & en abuser. Car si qu'est, se trouue en auteur prouué, ie dy qu'il est de que est, & non de qui est. Aussi l'a ne s'apostrophe gueres hors l'article, la, & les pronoms, ta, sa: ma: & ces pronoms sont encores tant priuilegiez, qu'ils endurent apostrophe de, on, en leurs masculins, ton, son, mon: comme trouueras souuent en Marot, m'amour, b t'amour, c s'amour: d pour mon amour,

b M'amour, en l'epigrâme qui dit: La nuit passée en mon lit ie songeois au vers penultime.

c T'amour au premier epigrâme du second liure, qui commêce: Anne ma seur sur ces miens epigrammes: au dernier metre.

d S'amour en la Balade commencant: Amour me voiant sans tristesse: au premier vers du tiers couplet.

G 5   ton

ton amour, son amour: ce que ie pense attribueras auec moy plus tost à la liberté de noz maieurs, que Marot en cest endroit comme en d'autres, a quelque fois suiuie, que ne le confermeras par la raison: si tu ne veux dire que ce soit plus composition qu'apostrophe, laquelle ayons aussi retenue des Grecs, composans ordinairement tels pronoms auec les noms, & autres pronoms.

Encor se fait apostrophe irreguliere de l'e femenin, en la fin des dictions, comme trouueras és Elegies de Marot tel', a pour telle: el', b pour elle: & quel', c pour quelle: & aux premieres personnes des preteris imparfais, indicatifz, optatifz, & conionctifz, comme i'aymoy', pour i'aymoie: ie voudroy', pour ie voudroie: si ie tuoy', pour si ie tuoie. Aussi és participes femenins terminés en, nte, comme l'eau dormant', pour dormante: la femme courant', pour courante: d souuent aussi grand', e pour grande: & eau, pour eauë: si en ce dernier tu n'es en l'opinion de beaucoup, qu'il faille dire naturellement, eau, f non eauë. Tu

a Tel' en la premiere elegie qui commence, Quãd l'entreprin.
b El', pour elle, au dialogue imprimé entre les œuures de Marot, intitulé Dialogue ioyeux.
c Quel', au iugemẽt de Minos en lepistre de Maguelonne a Pierre de Prouence.
d En Marot tu liras triomphãt' victoire, pour triõphante, au refrain du ne Balade commençant, Quel hault souhait.
e Grand' pour grande en mille lieux dans Marot.
f Eau pour eauë cent fois & en hemistiche, & en fin de vers.

voudras

voudras à l'auenture appeler ce plus proprement apocope, qu'apostrophe: en quoy ie t'auoueray volontiers: aussi croy-ie que tu ne me desauoueras pas, quand tu entendras que ie le nomme apostrophe, pource qu'il a le mesme signe de l'apostrophe, ainsi figuré grand ne plus ne moins que ie dy aussi apostrophe a en pay'ras, pour payeras: lou'ras, pour loueras: que tu voudrois proprement appeler Syncope. Non pourtant que ie vueil le dire qu'il ne me chaut des mots & appellations, mesque les choses soient entendues: mais pource que ie le fay ainsy plus breuement & facilement: & ne fay point improprement si tu auises que le mot Apostrophé se peut estédre par toutes ces figures autant bien, que fait son indice. {a Apostrophe pour Syncope.}

Iusques icy de l'e feminin: duquel parlant t'auray semblé long, si tu prens garde au nombre des lignes: mais court, si d'auanture tu t'apperçois que ie n'en aye pas escrit tout ce que s'en pourroit bien dire.

De la Ryme, & ses differences, & diuers vsages.

CHAP. VII.

L'Ordre de notre proiet requiert, que maintenãt parlõs de la ryme: car pour que

neant aurons nous euité les fautes qui es-
cheent le long du vers, si nous faillons à la
fin en ce que ie t'ay dit cy deuant, que tou
choit plus promptement l'oreille. C'est la
ryme, & par la ryme i'enten ceste resemblance de syllabes qui tombe en la fin du
carme François, comme tu as ia entendu.
Ceste ryme donq en tant que touche sa sustance, est de cinq sortes ou especes premieres & principales.

Cinq sor-
tes de ry-
me.
1

La premiere s'appelle, Equiuoque, & se
fait quand les deux, les trois, ou les quatre
syllabes d'vne seule diction assise en la fin
d'vn vers, sont repetées au carme symbolisant, mais en plusieurs mots, repetées dy-ie
ou simplement de mesme son, ou seulemét
de mesme ortohraphe ou de mesme son,
& de mesme ortographe ensemble, comme peux voir tout au long de ceste epistre
de Marot au Roy:

En m'esbatant ie fay rondeaux en ryme
Et en rymant bien souuent ie m'enryme.
Bref, c'est pitié d'entre nous rymailleurs,
Car vous trouuez assez de ryme ailleurs
Et quãd vous plait mieux que moy rymassez
Des biens auez & de la ryme assez:
Mais moy, à tout ma ryme & ma rymaille
Ie ne soutien (dont ie suis marry) maille.

Or

Or, ce me dit vn iour quelque rymart
Vien ça, Marot, trouues tu en rymé art,
Qui serue aux gens, toy qui as rymassé?
Ouy vraiment, Respon-ie, Henry Macé:
Car tu vois bien la personne rymante
Qui au iardin de son sens la rymé ente,
Si elle n'a des biens en rymoiant,
Elle prendra plaisir en rymé oyant.
Et m'est auis que si ie ne rymois,
Mon poure corps ne seroit nourry mois
Ne demy iour: Car la moindre rimette
C'est le plaisir ou fault que mon rys mette.
Si vous supply qu'à ce ieune rymeur
Faciés auoir vn iour par sa rymé heur
A fin qu'on diè en prosé ou en rymant,
Ce rymailleur, qui s'alloit enrymant
Tant rymassa, ryma & rymonna,
Qu'il a cognu quel bien par rymé on a.

Ceste espece de ryme en equiuoque, (laquelle tu trouueras souuent ailleurs en Marot, & telz famés Poëtes) commé ellé est la plus difficile, aussy est elle moins vsitée: & ne laisse pourtant à estre la plus elegante, comme celle qui fait cest vnison & resemblance plus egale, & de ce plus poignante l'ouye.

La seconde espece de ryme est appelée, riche, à cause de son abondance & pleni-
tude:

tude: & est celle de deux ou plusieurs sylla bes toutes pareilles, mais en diuers mots: comme en cest epigramme de M. Scéue:

390 Epi-
grãme de
Ω Delie.

*Pour emouuoir le pur de la pensée
Et humble aussy de chaste affection
Vole tes faits, O dame dispensée
A estre loin d'humaine infection
A lors verras en sa perfection:
Ton hault cœur saint là sus se transporter,
Et puys ça bas vertus luy apporter
Et l'Ambrosie & le Nectar des cieux,
Comme i'en puy tesmoignage porter
Par iurement de ces miens propres yeux.*

Ceste sorte de ryme est souuent vsurpée de Marot, Saingelais, Salel, Heroët, Scéue : comme tu cognoitras lisant leurs œuures. Aussy la doys tu tenir & obseruer en composant le plus pres que tu pourras, comme la plus riche & plus gracieuse apres l'Equiuoque.

§ Note.

La tierce espece est celle, qui n'a que syllabe & demie de resemblance. Resemblãce dy-ie ou d'orthographe, ou de son. Car en toutes sortes de ryme on s'arreste plus à la partie du son, qu'à la similitude de l'orthographe: pource que la fin de la ryme est le plaisir de l'oreille. Tu as exemple de ceste espece en l'estréne de Marot à Saintam:

De

De responce bien certaine,
Et soudaine,
Vous donne le doctrinal
Pour respondre au Cardinal
De Lorraine.

Tu vois tous les derniers mots des vers ne se sembler, que de syllabe & demie. Mais auise que i'appelle demie syllabe, non la iuste moitié de toutes les lettres constituantes la syllabe, ains partie de la syllabe ou plus grande ou moindre : en sorte, que disant demie syllabe, i'enten toute portion de la syllabe diuisée, & non entiere. Ceste espece est bien receuë & en masculine terminaison, & en feminine, fors quand l'e femenin fait à la fin du carme & du mot syllabe par soy : Car lors la ryme n'est receuë aux doctes oreilles, si elle n'a deux syllabes pareilles pour le moins : comme pensée, contrée, année, ou montrée: enuie, contre vnie ou transie, ne seroient receuës pour bonnes rymes.

Qu'est de mie syllabe en ryme.

La quarte espece de ryme est d'vne syllabe seule : comme en l'estréne de Marot à Bie;

Tes graces en fait & dit
Ont credit

De plaire Dieu sait combien:
Ceux qui s'y cognoissent bien,
Le m'ont dit.

Tu vois tous les vers symbolisans ne se resembler en fin, que d'vne syllabe seule.

Ceste espece de ryme est receuë aux masculins, & y est approuee pour bonne: mais aux femenins elle ne vaudroit rien. Car puissance contre force, possible contre agreable, demeure contre legere, & telz femenins symbolisans seulement d'vne syllabe, tu ne liras en auteur prouué.

La cinquieme & derniere espece de ryme, est de demie syllabe: & est appellée pauure, à cause de son indigence & imbecillité. Tu en as exemple en vne balade de Marot, du iour de Noël:

Or est Noé venu son petit trac:
Sus donq aux champs Bergeres de respec:
Prenons chacun panetiere & bisac,
Flute, flageol, cornemuse, & rebec,
Ores n'est pas temps de clore le bec,
Chantons, sautons, & dançons ric à ric,
Puis allons voir l'enfant au pauure nic
Tant exalté d'Helie aussy d'Enoc,
Et adoré de maint grand Roy & Duc.

s'on nous dit nac, il faudra dire noc.
chantons Noël tant au soir, qu'au deluc.

Tu vois par tout ce couplet & les autres suiuans, que tu pourras voir en Marot, la pluspart des vers ne se resembler que d'vne syllabe demie seulement.

Ceste espece est comme la precedente excusee aux masculins, singulierement ceux, contre lesquels est malaisé de trouuer dictions symbolisantes d'vne entiere syllabe. Encor y a il des Poëtes tant superstitieux, qu'ils font difficulté & conscience d'vser de telle ryme, & euitent de mettre en fin de vers telz mots tant facheux à marier. Tu en pourras toutesfois vser apres Marot, Saingelais, Salel, Heroët, & tous les poëtes sauans, és monosyllabes nomméement comme bien, rien, sien, mien, mot, sot, & telz dont ilz auront vsé, ou que tu verras suiuāt l'analogie telz, qu'ilz en eussent vsé si besoin en eust esté, ou le cas y fut escheu.

En ces cinq especes de ryme ie te pense auoir montré la meilleure part de ce qu'il s'é peut dire: car ce que les resueurs du téps passé ont appellé, la ryme Goret a & i'ap-pelle ryme de village, ne merite d'estre nōbrée entre les especes de ryme, non plus

a La ryme Goret.

D qu'el

qu'elle est vsurpée entre gens d'esprit.

Reste à t'auiser des vsages de ces especes pour te faire rymer seuremēt. Desquelz quand ie t'auray declaré deux principaux, & touché en passant quelque peu des autres, tu ne pourras que t'en bié aider. Enten donq qu'icy i'appelle l'vsage de ryme, l'ordre & situation des vers symbolisans : Qui fait par fois qu'il soient tous suiuans l'vn l'autre sans moien : & est ce que les anciens ont appellé Ryme plate : qui est la plus commune & la premiere trouuée. Tu en as exemple tout au long des deux liures de la Metamorphose d'Ouide tournés par Marot: &, à fin que tu ne desires exemple present, en ces six vers de luy:

Qu'est vsage de ryme.

Ryme plate.

 Cy git enuers la chair de Charmolue.
 De terre vint, la terre la volue:
 Quant à l'esprit qui du ciel est venu,
 Seigneurs passans, croyes qu'il n'a tenu
 A estre bon, & de vertus orné
 Que d'ou il vint, il ne soit retourné.

Aucunesfois aussy les vers ne se suiuēt pas symbolisans l'vn incōtinent apres l'autre, ains sont croisez, en sorte que le premier fraternise auec le tiers, & le second auec le quart: cōme en cest epigramme de Marot:
         Veux

FRANÇOIS. 51

Veux tu sauoir à quelle fin
Ie t'ay mis hors des œuures miennes?
Ie l'ay fait tout expres, afin
Que tu me mettes hors des tiennes.

Ceste ryme s'appelle, croisée, pource Ryme
que les vers y sont diuisés par vn entredeux croisée.
comme les branches d'vne croix. Et est vsitée coustumierement és epigrammes & au
tres sortes de poëmes comme plus à plein
entédras au secód liure, ou ie te môtreray
plus au lóg la diuerse forme de ces vsages.

Il y a maintes autres manieres de situer
& varier les vers fraternizans, toutes resul
tantes de ces deux: lesquelles pource qu'elles n'ont appellation certaine, & qu'elles consistent toutes en l'arbitre du poëte, ie ne suy point deliberé te specifier &
declarer singulierement, pource que seroit œuure long pour moy, & inutile pour
toy. Te suffise donq d'aller voir aux
Pseaumes, chansons & estrenes de Marot
ces varietez de ces vsages, pour les suiure, ou innouer apres elles, en sorte
que l'analogie y soit tousiours gardée,
& qu'il n'y ait ryme sans raison. Auise a Simple
toy ce pendant que tu peux rymer bien b en rymé
& deuëment le simple contre le compo- contre son
sé, a cóbien que aucuns veuillent soutenir composé.

D 2   le con

le côtraire, mais sans apparence de raison. Car ie ne voy point pourquoy on puisse appeler mauuaise ryme, faire, contre refaire : mettre, contre permettre : dire, contre mesdire : assembler, contre desassembler : ioindre, contre conioindre : & telle ryme à proportion pareille : attendu nommément que Marot, Saingelais, Sabel, Heroët, Sceue, & tous les sauans & famés Poëtes de ce temps en vsent ordinairemét & sans scrupule. Mais aussy regarde bien, que tu ne tombes de là en vne faute, qui est de mettre vn mot rymant contre soy mesme : si d'aduéture nestoit diuersifié par signification, ou partie d'oraison, ^a cóme si l'vn fust nó, l'autre verbe, ou aduerbe toutesfois souz vne mesme voix. Exemple du premier en ce quatrain de Marot à Abel :

^a Le mot rymé contre soy mesme diuersifié par signification ou partie d'oraison, est appellé des anciés, Equoque.

Poëtiser trop mieux que moy sauez.
Et pour certain meilleure grace auez
A ce que voy que n'ont plusieurs & mains
Qui pour cest art mettét la plume és mains.

Tu vois mains, ryme cótre mains, mais en diuerse signification. Exemple du secód en cest epigramme de Marot à Anne :

Si iamais fut vn Paradis en terre,
Là ou tu es, là il est sans mentir :

Mais tel pourroit en toy paradis querre,
Qui ne viendroit fors à peine sentir:
Non, toutesfois qu'il s'en deust repentir,
Car heureux est qui souffre pour tel bien.
   Donques celuy, que tu aimerois bien,
Et qui seroit receu en si bel estre,
Qui seroit il? Certes ie n'en say rien,
Fors qu'il seroit ce que ie voudroye estre.

Tu vois, bien rymé contre bien, mais le premier est nom, & le second aduerbe: & estre aussy rymé contre estre: mais le premier est nom, & le second verbe. Pren donq bien garde, que tu n'encoures en ce vice de ryme de mot mesme en tout & par tout se resemblant.

Des diphtonges vsurpées au langage François, & de leurs vsages.

CHAP. VIII.

IE ne voy plus rien qui te puisse garder de faire vn carme François, & à ce vers fait entreprendre d'en adiouter vn autre, si tu ne dis, que tu ne says comment il fault faire Epigramme ou Rondeau, ou autre poëme, & pource que tu n'en fais iamais tu n'entens point l'vsage de la ryme, ne cōment il la y fault obseruer. Et en cest endroit ie te prieray d'attendre iusques au second liure pour estre satisfait de ce que tu desires: Car ie te montreray là toutes les differences des poëmes l'vne apres l'autre, & l'vsage de la ryme qu'il sera besoin y garder. Ce pendant ie te veux declarer les diphthonges vsurpées en notre langue françoise: l'vsage desquelles a fait naistre controuerse entre les sauans: & a semblé difficile à autres & à moy, comme ie pense semblera aussi à toy. Premierement donq, suppose que le François a emprunté quelques des diphthonges du Grec, & quelques du Latin, aduise aussy, que il en a de propres incognues à l'vn & à l'autre.

Françoises diphthonges empruntées du Grec.
Les empruntées du Grec sont

ai,
oi,
ei,
ou,

Diphthonges Françoises empruntées du Latin.
Lesquelles il prononce tout ainsi que le Grec, comme tu peux cognoistre prononçant ces mots: Maistre, François feit tout. Les empruntées du Latin, sont

au,
eu.

Que ie dy prises du Latin, encor que le Grec ayt les mesmes, à cause que le Fraçois
les

les prononce comme le Latin, au, eu: pau, neu: autres, deux: non comme le Grec, af, ef. Et si tu me dis, qu'en ces mots: feuë, cauë, & autres semblables la prononciation Grecque est gardée, & que là au moins ie les doy auouer diphthonges Grecques, ie te respon qu'en ces mots & semblables l'u est consonante, comme en viure, verd, voir, reuiure, reuerdir reueoir: & pour ceste cause ie ne le tien ioint en diphthonge: car diphthonge (suiuant l'etymologie du mot) est coalescence de deux voyelles en vn son, comme quand ie prononce heureux, hautain. Et quand ie-dy, feue, eau, reueuë, reuerdir, ie separe l'a & l'e d'auecques l'u en diuerses syllabes tant manifestemẽt, qu'on peut ouyr le son de chascũ d'eux à part soy.

Les diphthonges qu'a le François propres & ignorées du Grec & Latin, sont ou de deux ou de trois lettres. De deux lettres, comme

ea

Songea, vengeance, eage, engageas, dea.

ei

autre que l'emprunté du Grec: car il ne rend pas le son d'i simple, comme en veid, feit: mais vn son meslé de toutes les deux lettres, comme neige, peine, meilleur, seigneur, veille, vermeil, soleil.

Diphthonges propres au frãçois Aa, ae, & ao, ne sont pas diphthõges frãçoises, car aage ne se doit escrire, mais eage, & en chaalons, aaron & sembles y a

D 4 Geor

vn a super-
flu: que lac-
cent circon-
flex sur la
simple cha-
lon, aron,
supplira as-
sez. Aer.
acles, ae-
rain, sont
mal escris:
car fault es-
crire, air, a-
les, arain,
& aussy
leurs sem-
blables. En
paon, sao-
ne, saon &
semblables
y a aussy
vne lettre
superflue :
car nous p-
nōçõs pā-
sone, san.
a Eo, nest
point pre-
mét diph-
thonge, car
eo ne se
trouue fai-
sant vne syl-
labe qua-
pres e &

eo
a George, flageolet, bourgeon, drageon, geolier.
ia
Diable.
ie
Rien, quiert, riuiere, meurtrier, moitié, ciel, fieure, vient, fief, pied, siecle.
io
Disions, aimions, rendissions, filiol.
oe
Boette, coette, moelle, foet.
ui
Puis, nuit, nuire, suiure, cuide, fuit, hui, suif, iuif.

Bien que Marot, ou mot, iuif, ayt esté de contraire opinion, le faisant en la version des tristes vers le Beroalde, de deux syllabes: mais pese le à l'oreille le prononçant, & tu le cognoitras n'estre plus de deux syllabes, que les exemples precedens.

Et note, qu'en tous ces diphthonges ie pren l'i Latin, & l'y Grec pour vn: car en beaucoup de dictions l'y Grec est escrit plus par coustume ou ignorance, que pour raison, qu'en seust rendre l'escriuain ou l'imprimeur. Diphthonges de trois lettres, comme,

çau

eau
Beau, veau, anneau, peau, vaisseau.
eoi
Bourgeois, gregeois, changeois, seoir, cheoir.
ieu
Dieu, lieu, yeux, cieux, plusieurs.
iei
Vieille, vieil.
œur
Cœur, sœur, œuf, bœuf, œuure.
oie
soient, aimoient vouloient.
oui
bouillir, mouiller, fouiller, chatouiller.
œi
œil, dœil, vœil, cœillir, vœille, fœille.

gou l'e ne sert q̃ d'indice de leur molle pronō ciatiō, comme te sera declaré au chapitre suiuant. Aeu & aou ne sōt diphthōges car ce n'est, que curieuse superstitiō d'escrire paeur saouler, & semblables n'attendu q̃ nous prononcōs, souler.

De quatre lettres ie ne treuue point de diphthōges : & ne me semble fondé sur aucune raison, que ces derniers, que i'ay escris par, œi, vœil, recœil, vœil, vœille, cœille, fœille : ayent diphthonge de quatre lettres : ainsi, dœuil vœuil, cœuillir fœuille, &c. Car si œil, sans u, se prononce sans tout ne plus ne moins, que les autres : ie ne voy pourquoy les autres ne se prononceront sans, u, comme œil, attendu que le plus

D 5   breue

breuement fait, est le mieux fait:& qu'entre dœil, vœil & œil, n'y a aucune differéce de son en la prononciation. Et si d'auenture quelcun veult debatre qu'encor, qu'il n'y ayt que trois lettres, l'u y sera mieux seant que l'o, côme on les lit escris souuent, vueil, dueil, vueille, feuille, &c. ie respôd à cestuy là, que s'il veult fonder opinion sur raison: la mienne sera mieux asseurée que la sienne: Car en tous les mots latins d'ou nous tirons ces François, y a vn o, lequel i'aime beaucoup mieux retenir du Latin, qu'y mettre vn, u, de ma teste. Ie t'ay le plus court que i'ay peu rãgé par ordre toutes les diphthonges vsurpées au langage François: lesquelles me semblent, & si mon iugement ne mabuse, te sembleront, mieux appellées ainsi que synalephes, comme les ont nommées ie ne say quelz auteurs de Rhetorique metrifiée: qui nô sachans ou non se aui sans que Synalephe se commet, quand vne voielle se perd toute souz la pronôciation de l'autre la suiuante, comme nous auons montré deuant: ont abusé de ce terme en cest endroit, & de leur autremêt bon esprit en maint autre. Or de toutes ces diphthonges les vnes ont diuers son: la plusparț est suiette à diastole, ou diuision, comme ie te vay montrer par le menu.

a i

ai
se diastole, comme en Païs, Thaïs, haïs, naïf: & se prononce autrement en ail, & gaillard, qu'en naistre, maistre.

oi
reçoit diuision, comme en Moïse, Loïs.

ei
a autre son en veid, seit, qu'en sommeiller & soleil: & se diastole comme en Deïté, eneïde.

ou
reçoit diuision, comme en Piri oüs, ouation.

au
se diuise, comme en Iauer, Menelaüs.

eu
a autre son en feu, peu, & autre en sceut, heut peult, apperceut: & est diastole, comme en leuer, Prometheüs.

ea
se deuise, côme en feal, neantmoins, neant.

eo
est diastole, comme en Acteön, meötide.

ia
se diuise, comme en Viande, diapre, diamant.

ie
se diastole, ᵃ comme en ancien, terrien, prière, vielle, nier, Marie.

Diastole appelle le Grec, & nous apres luy, diuisio des lettres cõstituantes la diphthonge, en deux sylla- bes: cõme en Païs, aï, est diphthõge: & en païs est diastole: comme montrent & denotent les deux poits figurés en dessus, qui retiennent le nom de Diastole.

ᵃ Comme la diasto-

Et

§ marot au mot, l'ierre, en l'eclogue sur la mort de feuë madame, & en autres lieux.

Et comme le son à l'oreille montre que miel & fiel, se doiuent diuiser en deux syllabes, combien que l'vsage soit au contraire: auquel fondé sur l'autorité de Marot & autres qui l'ōt suiuy, tu ne peux faillir d'adherer: mais aussi ne penseray-ie point errer disant miel & fiel de deux syllabes: car si tu suis en l'vn l'autorité, ie regarde en l'autre la raison: ne plus ne moins, que disant lien & lierre d'vne syllabe, ie suiuray aussi la raison, voiant que lien & lierre ne portent autre son à mon oreille, que bien, rien, mien: & si tu dis l'ien & l'ierre de deux syllabes, tu regarderas à ce que Marot, & autres apres luy en ont ainsi vsé: l'autorité desquels est suffisante en mō endroit pour me persuader chose plus facheuse à tenir que ceste-cy: aussi ce que ie t'en vien de dire, n'est que pour te montrer que l'autorité & la raison sont bien souuent diuisées.

10

a Vielons est de deux syllabes en Ladieu de marot aux Dames de la cour.

^{a} est diastole, comm℮ en fiole, viole-le, idiot, violette, opinion.

Et en chariot, par autorité receuë telle en luy comm℮ és precedens: mais iuge toy-mesme, lecteur, si la naïue prononciation Françoise porte à ton oreille, disant, chariot, plus de deux syllabes.

oe

oe

se diuise, comme en Noë, Poëte.

Et comme tu trouueras aucunefois diuiséz ceux que ie t'ay deuãt allegués pour exemple de la diphthonge, moëlle, foët, coëtte, boëtte. Lesquels & leurs semblables te feront doublement douter: l'vne fois par ce que ie leur oste l'u que vulgairement on leur donne escriuant, mouelle, fouet, couette, bouette : mais si tu y prens garde de si pres que i'ay fait, tu trouueras cest, u, superflu, & pris du mal pronõçant qui dit, bouere pour boire : & mouelle, pour moëlle. L'autre fois, pource que ie les fay de deux syllabes, & tu les liras souuent vsurpées de trois : mais demande conseil à ton oreille, & tu ne craindras à dire, moelle, dissyllabe comme moy.

ui

se dissout, comme en fuït, circuït, puïr.

Les diphthonges de trois lettres ont tousiours mesme son, & aucunes d'elles sont suiettes à diastole.

eoi

se diuise, comme aux preteris imparfais, veoïs, cheoïs, seoïs.

oie

se dissout, comme en ioïe, voïe, enuoïent, ottroïent.

ieu

se diastole, comme en odieux, enuieux, gracieux.

Sur ce point n'est possible n'a moy, n'a autre de te donner certaine regle, quand il fault diuiser le diphthongue, & quand non: mais suy l'vsage, en cecy & par tout ailleurs maistre de l'oraison: & le son de l'oreille, lequel auec raison s'attribue en cest endroit les premieres parties, & par tout ailleurs ou le premier regard est, comme icy, de delecter l'oreille.

Or croy-ie que ce que i'ay traité des diphthongues iusques icy, ne te semblera inutile: & moins encor vn auertissement que ie t'y veux aiouster. C'est, que sans reprehension tu peux rymer la diphthongue de deux lettres contre la simple lettre faisant mesme son, ou bien peu different: comme, estre contre maistre, & contre cognoistre, euë, contre, tuë: est, contre, plaist: terre, contre, pierre: George, côtre, gorge, baisse, contre, dresse, aller, côtre, l'air: heurent, contre, murmurent: aile, contre, elle: plantain, contre, enfantin: pene de, contre, vuide, vœux, contre, ne veux: cage, contre, fœillage: autre, contre, votre: demetz, contre, iamais: peine, contre, clymene: veirent, contre, suiuirent: tesmoigne, contre, vergongne, seisses,

Ryme de diphthongue contre simple lettre receuë.

feisses, contre, sacrifices : effet contre, fait.
Lesquels tous ie t'ay extrais des œuures de
Marot, pour seruir icy d'exemple:& encor
que ie n'y aye trouué chose, contre cause:
haute, contre, coste:fere, contre, faire:& autres telz suiuant l'analogie, si ne feroy ie
pas grande difficulté d'en vser. Car si Marot a rymé ceux, que ie t'ay alleguez pour
exemple, à cause de la semblance du son
que la lettre simple & la diphthongue portét à l'oreille, i'allegueray la mesme raison
en ceux cy, & ne m'arresteray autrement à
ce que Marot mesme en l'epistre que il a
faite contre Sagon, & la Hueterie, les a repris d'auoir rymé, la fere, contre, affaire:car
il est aisé à cognoistre qu'il les reprend de
cela plus par haine que par raison, attendu
que peu apres il les reprend ausi d'auoir
rymé mettre, contre remettre:& il ryme
ordinairement luy mesme le simple contre le composé, comme ie t'ay ia parauant
auerty. Ou bien me die, ou autre pour luy,
la raison, pour laquelle il est plus permis en
vne diphthongue, qu'en autre. Il est vray que
ie trouueroie rude de rymer, heure, contre,
nature, pour la difference du son:mais ausi
ne feroy'ie pas grande conscience de rymer, morsure, contre asseure, pour la partie
du son. Toutefois ne veux ie pas nier que

le

le moins que tu le pourras faire, soit le meilleur. Car plus la ryme se resemble de son & d'orthographe ensemble, plus est parfaite & plaisante. Mais aussi veux-je soutenir, comme il me semble par raison soutenable, que mieux vault rymer, seure, contre, nature, pour garder bon sens & bon propos, que superstitieusement s'arrester à la riche ryme pour mettre vn mot impertinent ou moins propre, comme a fait Sain gelais en ce dizain:

Ou mettra lon vn baiser fauorable,
Qu'on m'a donné, pour seurement tenir?
Le mettre en l'œil, il n'en est pas capable:
La main n'y peult toucher ny auenir:
La bouche en prend ce qu'en peult retenir,
Et n'en retient qu'autant que le bien dure:
C'est donq au cœur l'effet & garde cure,
De ce present, à luy seul appartient.
O doux baiser, estrange est ta nature,
Bouche te prend, & le cœur te retient.

La diphthonge de deux lettres se ryme elegamment contre soy-mesme diastolée, comme, nïer, contre prisonnier: sïen, contre, ancïen: rïen, contre, terrïen.

a les exẽm-
ples en sont
Semblable elegance reçoit celle de trois lettres rymée contre soy dissoute, comme
dieux,

dieux contre, odieux:pieds, contre, espïes: cieux, contre, gracieux vieux, contre, enuieux. Aussi ryment Marot & autres Poëtes famés, ai, contre, oi, & ei: comme, cognoistre, contre, naistre: moins, contre, mains: veine, contre, vaine: sainte, contre, ceinte: pleins, cõtre, plains. Et diphthonge de deux lettres contre diphthonge de trois, comme, peux, contre, bœufs: vœux, contre, cheueux: couleuures, contre, œuures:pouteaux, contre, portaux: sœurs, contre, seurs: ce qu'ilz ont fait aussi pour la parité ou prochaine affinité du son, qui fait souuent negliger l'orthographe, comme quand ils ryment aussi, espandre contre, estendre:panse, contre, distance: grasse, contre, grace: auança, contre, enlassa: cruelz, contre, tues: opprobre, contre, propre: coulpe, contre, couppe: perils, contre, espris:vis, contre, vifz:adonq, contre, long: entens, contre, temps:non, contre, nom: ord, cõtre, fort: exẽpte, contre, sente: conclud, contre, salut: regne, cõtre, chesne: prompte, contre, honte: champs, contre, chás: fois, cõtre, doigs: & autres telz plus soustenuz par le son de oreille, que ie te dy encor estre le principal du college de la ryme, que reiettes par l'orthographe, qui n'est rié, que ministre du son, & serue de l'humaine langue exprimant la conceuë oraison.

tant drus en Marot, qu'il n'est besoin te les alleguer icy.

E De

De la differente prolation de c, & g, & du plus receu vsage des verbes François.

CHAPITRE IX.

IE passoie au second liure, quand m'est souuenu qu'il te seroit vtile d'alonger le premier encor de ce chapitre, pour t'auiser que les consonantes, c, & g, ont double prolation, quand se rencontrent deuant les deux voyelles, a, & o. L'vne prolation est forte & pleine, & telle que la font les Hebreux, quand ilz signent ces deux mesmes lettres auec le point qu'ilz appellent Daghes, comme quand ie dy, gage, gorge, cache, coche, reagal, ducat, dragon, flaccon. L'autre prolation est douce & simple, & telle que la font les Hebreux quand ilz chargent leurs Gimel & Caph, de la virgule qu'ilz appellent Raphe, comme quand ie dy, engagea, geolier, auãça, leçon, drageon. Mais au g, mollement prononcé deuant a & o, l'vsage iusques à present a aiouté e, a Voy le a pour indice de ce mol son : comme il a deuant e & i, aussi aiouté u, pour l'indice de la forte prolation, guerre, guiere. Et le studieux d'orthographe signe le ç, de ceste queuë troussée pour indice de sa mollesse: comme l'vsage deuant l'u luy a aussi aiouté e, pour l'amollir en prolation : receut, apperceut.

a Voy le chap. precedent en la diphthõ ge,co.

Cest

Cest auertissement ne te semblera inutile au fait de la ryme, si tu prens garde que la ryme est plus douce de leger, contre berger, que contre haráguer, & de façon contre glaçon, que contre flaccon, & ainsi du fort contre le fort, & du mol contre le mol à quoy obseruer t'induira l'aduertissement que ie t'en vien de donner.

Aussi peu te nuira, ce, que ie te veux encor icy dire du droit vsage des verbes François, lequel a tant peu d'asseurance, que la meilleure part des bié vsans est surmontée de la plusgrande des abusans.

Pour en bien vser donq, donne toy garde que le verbe qui a er en son infinitif, prene a, en son preterit parfait de l'indicatif: comme, aimer, l'infinitif, fait que ie die au preterit parfait indicatif, i'aimay, tu aimas, il aima. Manger, ie mangeay, tu mangeas, il mangea, Iouer, ie iouay, tu iouas, il ioua, & ainsi des autres. Mais encor n'est ce pas assez, que tu gardes cest a, aux trois personnes singulieres: ains le fault continuer és trois personnes du plurier: comme, Nous aimames, vous aimates, ilz aimarent. Nous mangeames, vous mangeates, ilz mangearent. Nous iouames, vous iouates, ilz iouarent, &c.

Quelz verbes ont a, au preterit parfait Indicatif.

E 2 Encor

Encor fault il continuer cest a, par tout le singulier & plurier du present de l'optatif: comme, Pleust à Dieu que i'aimasse, tu aimasses, il aimast: nous aimassions, vous aimassiez, ilz aimassent. Mesmes au preterit imparfait du coniunctif, comme, S'ainsi estoit que ie mangeasse, tu mangeasses, il mangeast. S'il auenoit que ie iouasse, tu iouasses, il iouast: nous iouassions, vous iouassiez, ilz iouassent, &c. I'enten vn, qui pense auoir delicates oreilles, auquel ces mos, iouassiõs, aimassiés, escorchét le bout du né: mais il sera incontinét guery, s'il s'auise que ce que le Grec appelle ἀνακόλουθον, est vice par tout, & par toutes langues: & que s'il reçoit l'a, au singulier (comme il est receu de luy, aussi bien qu'il est des femmes) il n'y a raison du monde qui le luy doiue faire refuser au plurier.

Donques retiendras tu cest a, par tous les trois mœufz & temps de ces verbes: ne plus ne moins, que tu le fuiras doctement es autres. Says tu quels? Les verbes qui ont re, ou ir, en l'infinitif, ne reçoiuét l'a au preterit parfait indicatif, n'y es autres mœufz & temps: comme Rendre, ie rendy, tu rendys, il rendyt: nous rendimes, vous rendites, ilz rendirent. Pleust à Dieu que ie rendisse, tu rendisses, il rendist: nous rendissions,

Quels verbes refusent l'à au pterit parfait indicatif.

vous

vous rendiſsies, ilz rendiſſent. Mourir, Ie mouru,tu mourus,il mourut:nous mourumes,vous mourutes,ilz mururent. S'il auenoit,que ie mouruſſe,tu mouruſſes, il mouruſt:nous mouruſsions, vous mouruſsies, ilz mouruſſent:& ainſi des autres.

Note icy, ce que ie ne t'ay pas dit, ilz laiſſent l'a, & prenent l'y: car i'auroie ce diſant lourdement failly, attendu que la terminaiſon de ce preterit ſe varie ſelon la nature des verbes, comme Venir, Ie vin, Tu vins, Il vint, &c. Courir, Ie couru, tu courus, il courut, &c. Iſsir, I'yſſy, tu yſsis, il yſsit, &c. Requerir, Ie requy, tu requis, il requit, &c. Beneir, Ie beney, tu beneis, il beneit, &c. Nourrir, Ie nourry, tu nourris, il nourrit, tel que le preſent. Fuïr, Ie fuy, tu fuys, il fuyt, &c. Iouyr, Ie jouy, tu iouys, il iouyt, &c. Prendre, Ie prin, tu prins, il print, &c. Vendre, Ie vendy, tu vendys, il vendyt, &c. Moudre, Ie moulu, tu moulus, il moulut, &c. Coudre, Ie couſu, tu couſus, il couſut, &c. Semondre, Ie ſemondy, tu ſemondys, il ſemondyt, &c. Mordre, Ie mordy, tu mordys, il mordyt, &c. Cœillir, Ie cœilly, tu cœillys, il cœillyt, &c. Vaincre, Ie vainquy, tu vainquys, il vainquyt, &c. Paindre, Ie paigny, tu paignys, il paignyt, &c. Oindre, Ie oigny, tu oignys, il oignyt, &c. Ceindre,

E 3 Ie

Ie ceingny, tu ceingnys, il ceingnyt. &c. Faire, Ie fei, tu feis, il feit, &c. Taire, Ie teu, tu teus, il teut, &c. Traire, & braire, sont anomaux sans preteritz. Croire, Ie creu, tu creus, il creut, &c. Croistre, Ie creu, tu creus, il creut: mesme que de croire: & n'est non plus inconuenient qu'en Latin *creui, de cerno, & cresco*. Mettre, Ie my, tu mys, il myt, &c. Cognoistre, Ie congneu, tu congneus, il congneut, &c. Naistre, Ie naquy, tu naquys, il naquyt, &c. Paistre, Ie peu, tu peux, il peult: mesme que de pouuoir, Ie peu, tu peux, il peut, &c. Escire, Ie escriuy, tu escriuys, il escriuyt, &c. Dire, Ie dy, tu dys, il dyt, &c. Lire, Ie leu, tu leus, il leut, &c. Confire, Ie confy, tu confys, il confyt, &c. Suiure, Ie suiuy, tu suiuys, il suiuyt, &c. Viure, Ie vescu, tu vescus, il vescut, &c. Tistre, Ie tyssu, tu tyssus, il tyssut, &c. Esmouuoir, Ie esmeu, tu esmus, il esmeut, &c. Sauoir, Ie seu, tu seus, il seut, &c. Vouloir, Ie voulu, tu voulus, il voulut, &c. Voir, Ie vei, tu veis, il veit, &c. Cheoir, Ie cheu, tu cheus, il cheut, &c. Asseoir, Ie assy, tu assys, il assyt, &c. Apparoir, Ie apparu, tu apparus, il apparut, &c.

Ie t'ay icy mis ceux cy pour exemple d'infinis, à fin que tu veilles qu'il n'y a point de regle certaine pour montrer és preteris de ces verbes l'vsage de l'i, ou ei: de l'u, ou eu, eu, & que mesque tu te gardes en telz de vser de l'a, l'vsage t'apprendra de choisir la voyelle ou diphthongue requise. Passons donq outre, & retien que sachant ce preterit parfait, tu ne pourras faillir en le Aoriste, qui est vn preterit indefiny: lequel retenans des Grecs, nous l'expliquons (côtrains par la poureté de nostre langue) en circonlocution par le verbe, i'ay, aux vns: & par le sustantif, ie suy, és autres, ioins auec le participe preterit, qui est tousiours forme de ce preterit de verbe, & plussouuét semblable à luy: comme du preterit, ie beu, tu diras en l'aoriste, i'ay beu, ie cheu, ie suy cheu: i'apparu, i'ay apparu: tu esmus, tu as esmu: il voulut, il a voulu: & beaucoup d'autres que trouueras tous semblables: les autres peu changez, comme, ie vin, ie suy venu: ie respondy, i'ay respondu: tu semondys, tu as semond: il mordyt, il a mors: nous tordimes, nous auons tors: ils oignirent, ils ont oingt: vous veytes, vous auez veu: ie fey, i'ay fait, & ainsi des autres.

Ceste difficulté eclarcie, encor t'en veux ie desnouer vne autre, qui est, que tu te dois garder de mettre, s, aux premieres personnes singulieres des verbes de quelque mœuf ou temps qu'ils soient: comme, Ie voy, tu voys, il voyt: ie aimoye, tu aimoys,

Aoriste.

s, mal escrite & mal prononcée és premieres personnes des verbes.

il aim

il aimoit: Ie rendi, tu rendis, il rédit. Ie boiray, tu boiras, il boira: Si ie faisoie, tu faisois, il faisoit. Quand ie diroie, tu dirois, il diroit, & ainsi des autres: ce que tu verras auiourd'huy obserué des sauans en leurs escritures: & la raison t'enseigne que tu le dois obseruer ainsi, à cause que, s, est note de seconde personne aux Grecs & aux Latins: & doit estre à nous, qui tenons d'eux la pluspart du bien, que nous auons. Que si tu rencontres en ᵃ Marot ou autres cecy non obserué, lisant: ie veys, ie dys, ie feis, ie mets ie promets, & autres auec, s, en premiere personne singuliere: si c'est en fin de vers, ie appelle cela licence Poëtique s'estendant iusques à impropriété, à fin de seruir à la ryme. Si ailleurs, dy que c'est faute d'impression: ou l'attribue à l'iniure du téps, qui n'auoit encor mis ceste verité en lumiere.

Le mesme dois-tu obseruer au singulier de l'imperatif, disant: fay, dy, ly, voy, ry, repon, pren, vien, tien, mor, va, cou, mou, semó, ton, oin, ioin, estain, pain, cognoy, croy, ven, tay, pay, vy, suy, & ainsi des semblables non pas, fays, dys, lys, voys, prens, &c. qui sont secondes personnes indicatiues, plus proprement qu'imperatiues.

Et si d'auenture il te semble, que contre ce que ie t'enseigne, c'est mieux dit, ie puis,

ᵃ Pren gar de lisãt Marot, que tu trouueras souuent: ie maintié, ie plain, ie voy, ie croy, i'aimoye, ie faisoie, et semblables, en leur naïue orthographe, qu'il a chãgée par licence, contraint de la ryme.

puis, de pouuoir, que ie puy:ie suis, de, estre, que, ie suy:pense y trois fois auāt que me condamner:& ne donne tant de credit à cest vsage inueteré, suiet à l'abus à cause de leur affinité, que la raison ne trouue lieu en ton iugement. Ie n'entreray point plus auant en ce propos, de peur que ie ne te semble enseigner plus la grammaire que l'art Poëtique. Toutesfois ce que ie t'en ay dit en ce chapitre, est tant peu hors de propos, qu'encor estoit il necessaire que tu en fusses auerty. Car tu pourrois auoir autrement le mieux composé qu'il seroit possible, s'il t'estoit auenu d'auoir dit, i'aimissions, ou vous rendassiez, ou escrire tel Solecisme, ton papier ne seroit estimé bon à autre chose, qu'à eneuloper du beurre ou à encorneter des espices.

Encore suy-ie tant curieux de te voir bien & purement escrire le François, que ie t'auiseroie volontiers de ce qui fait beaucoup à la perfection de l'orthographe, c'est que desormais escriuant le François, tu ne sois tant superstitieux & superflu que de suiure l'origine des vocables pris des Grecs ou Latins, pour retenir d'eux quelques lettres, lesquelles escrites ne seruent que d'emplir papier, sans ce qu'elles se prononcent. Mon auis est, &, si tu veux croire ton sain

E 5   iuge

iugement, sans fauoriser à l'antiquité, sera le tien, qu'escriuant la François tu n'y dois mettre lettre aucune qui ne se prononce. Car tout ainsy que les mos sont les signes des passions de l'esprit, ainsy les lettres sont les notes de ce que la langue prononce. Et si la perfection de l'oraison est d'exprimer viuement en ses mos la conception de l'esprit: aussy la perfection de l'escriture sera d'exprimer viuement & purement en ses trais & figures la parole de l'oraison. Encor à ce sommes nous induis par l'vsage de toutes les autres langues tant polies que vulgaires: lesquelles, soit Hebraïque, Greque, Latine, ou Italienne, Espagnole, Alemande, ne figurent lettre en leur escriture, que la langue n'exprime en prononçant: Mais de ce plus amplement & commodément en la Grammaire Françoise: laquelle, aidant le Seigneur, te mettray de bref en lumiere, si ie te cognoy fauorable à mes labeurs.

Aristote au 1. liure de l'interpretation.

✳

FIN DV PREMIER
LIVRE.

PREFACE
DV SECOND
LIVRE.

VSQVES icy, Lecteur, tu me sembles assez moiennement instruit en tout ce que touchent les elemens de Poësie Françoise pour oser entreprendre à mesurer vn vers de ses syllabes:& à cestuy acheué coupler vn autre symbolizant auec le precedent ou en plat,ou en croisé selō l'œuure que tu entreprendras. Encor te sen ie ainsy armé, assez fort,& assez hardy, pour en renger en bon ordre iusque à dix ou douze:ie dy tāt bien, qu'ilz soient pour se defendre souz ta conduite des brigans & voleurs secretz du labeur & honneur d'autruy : voire pour estre auoués receuables en montre des chefz & princes Poëtes, souz l'enseigne desquelz le champ fleury de Françoise Poësie est honnorablement regy,&
con

conduit. Mais tu desires (ainsi que tout gentil soldat aspire à la perfection de Capitaine) entendre la forme des esquadrons & bataillons: des camps volans & camps assiz pour en faire ton proufit quant l'occasion le requerra. Aussi est ce là que ie te vœil maintenant conduire. Car ie m'en vay te montrer en ce second liure toutes les formes & differences des Poëmes vsurpés en l'art Poëtique François,& au passé,& au present: à fin qu'entendant quelle matiere se traite mieux en cestuy cy, ou en cestuy la,& quelle forme de ryme y est plus souuent & plus proprement vsurpée,tu n'ays rien que souhaitter pour t'esleuer à la
perfection du
Poëte.

✱

De L'epigramme,
& de ses vsages, & differences.
CHAPITRE. I.

E commenceray à l'Epigrāme, cōme le plus petit & premier œuure de Poësie: & duquel bōne part desautres soustenue, rend tesmoignage de sa perfectiō & elegance. Or appelle-ie Epi- Qu'est E-grāme, ce que le Grec & le Latin ont nom- pigrāme. mé de ce mesme nō, c'est adire Poëme de tāt peu de vers, qu'en requiert le titre ou superscription d'œuure que ce soit, comme porte l'etymologie du mot, & l'vsage premier de l'epigramme, qui fut en Grece & Italie premierement approprié aux bastimens & edifices, ou pour memoire de l'auteur d'iceux, ou pour marque d'acte glorieux fait par luy. Et ne deuoit plus contenir de vers qu'il s'en pouuoit escrire dessus vn portail: dedans la frise enfoncée entre

ar

l'architraue & la corniche prominentes par dessus ses chapiteaux des colomnes. Pourtant tiennent encores les Latins Poëtes leur distique pour souuerain epigramme. Mais pource que tout ce qu'on peut escrire en epigramme, ne s'est peu tousiours comprendre en deux vers, les Grecs & Latins premiers, & nous François apres eux, n'auons limité aucun nombre de vers pour l'epigramme: mais le alongeons tant que le requiert la matiere prise. Et de là est ce, que entre les epitaphes (qui ne sont autres qu'inscriptions de tombes, ou epigrames sepulchraux) escris en Marot, en trouuons de long iusques à 30. ou 40. vers. Tu dois neantmoins penser que les epigrames qui ont plus de vers, sont ceux ausfy, qui ont moins de grace. Pource regulierement les bons Poëtes François n'excedent le nombre de douze vers en epigramme: ausfy en font ilz de tous les nombres; qui sont depuis douze iusques à deux: Au dessoubz desquels ryme ne peut consister en vnité, pour raison que la parité de la ryme requiert estre couplée.

Epigrâme de deux vers.
De deux vers tu en as vn deuant les œuures de Villon, attribuées à Marot qui dit:

Feu de Villons en bon sauoir:

Trop

Trop de Villons pour deceuoir.

Et dedans les œuures de Marot l'epitaphe de Iane Bonté:

Cy est le corps de Iane Bonté, bouté:
L'esprit au ciel est par bonté monté.

De trois vers tu en trouueras peu ou point: pource que le nombre de trois en ryme est nombre baaillant & rompu: toutefois ne feroy'ie conscience d'en faire, si le cas y escheoit, comme a fait l'Italien sur la tombe du Poëte Seraphino à Rome, disant:

De trois vers.

Qui giace Seraphin: partirti hor poi, *De L'aretin*
Sol d'hauer visto il sasso che lo serra,
Assai sei debitor à gli occhi toi.

Qui tourné en François & en trois vers, encor qu'il n'ayt le compliment du quatrain, n'est pourtant du tout vuide de grace: comme tu peux iuger lisant.

Seraphin gyt icy: Or va lecteur,
Car ayant veu tant seulement sa tombe,
D'assez és tu à tes deux yeux detteur.

De 4. vers tu en trouueras assez en Marot, les vns de ryme plate, côme cestuy cy:
De quatre vers.

Benest

Beneſt, quand ne te cognoiſſoie,
Vn ſage homme ie te penſoie:
Mais quand i'ay veu ce qui en eſt,
I'ay cogneu que tu es beneſt.

Les aucuns en ryme croiſée, & les autres de ryme meſlée, en ſorte que le premier & le dernier vers ſymboliſans les deux du my lieu, demeurét en ryme plate. Voy les exéples dedás les Epigrámes de Marot: Car te les eſcrire icy, ne ſeroit qu'emplir papier.

De cinq vers. De cinq vers, ſe fait en ryme croiſée: mais pource que le nombre de cinq eſt nompair, fault qu'il y ait deux des vers ſymbolyſans en ryme plate: comme tu peux veoir en ce cinquain, par lequel Marot dedie ſon adoleſcence à vne Damoiſelle,

Tu as pour te rendre amuſée
Ma ieuneſſe en papier icy:
Quant à ma ieuneſſe abuſée,
Vn autre que toy l'a vſée:
Contente toy de ceſte cy.

De ſix vers. De ſix vers tu en trouueras auſſy aſſez en Marot, deſquels te ſpecifier les differentes ſortes, ſeroit plus t'épeſcher que t'enſeigner: car pour peu que tu ſois verſé en la ryme, tu entédras mieux l'aſſiette & ſymbolibolisation des vers de toy mesmes, qu'homme ne te la pourroit enseigner. Pren toutesfois cestuy cy de Marot pour exemple:

Le chất du coq la nuict point ne pronõce,
Ains le retour de la lumiere absconse,
Dont sa nature il fault que noble on tiẽne:
Or t'és montré vray coq en la response,
Car ton hault chất rien obscur ne m'annõce,
Mais santé viue, en quoy Dieu te maintiẽne.

Le huitain estoit frequent aux anciens, **De huit vers.** & est auiourd'huy fort vsité entre les ieunes aussy, pource qu'il a ie ne say quel accomplissement de sentence & de mesure qui touche viuement l'oreille. Pourtãt auise toy de sa structure, qui est bien aisée: Car les 4. premiers vers croisez, les 4. derniers croisent aussy: mais en sorte que le quart & quint soient symbolisans en ryme plate: de quoy resulte que quatre vers sont au huitain fraternisans de ryme comme tu peux voir en ce huitain de Marot:

L'autre iour aux champs tout faché
Vey vn voleur se lamentant
Dessus vne rouë attaché.
Si luy ay dit en m'arrestant,
Amy ton mal est bien distant

F   De

De celuy, qui mon cœur empestret
Car tu meurs sus la rouë estant,
Et ie meur que ie ny puy estre.

Septain, & neufain. Tu as vn septain en Marot entre ses epigrames cōmençant Metz voile au vét: single vers nos Charon.

Dizain.

Le septain & le neufain dependent du huitain: car le septain regulierement se fait en syncopant le carme septieme, qui seroit au huitain: & le neufain en aloutant à ce vers septieme vn rymant auec luy en ryme plate. Ie ne t'en donneray point d'exemple, pource qu'ilz sont peu vsites, & autrement faciles à comprendre.

Le dizain est l'epigramme auiourd'huy estimé premier, & de plus grande perfection: ou pource que le nombre de dix est nombre plein & consommé, si nous croiõs aux Aritmeticiens: ou pource que la matiere prise pour l'epigramme, y est plus parfaitement deduite, & le son de la ryme entrelassée y rend plus parfaite modulation. Quoy que soit, c'est le plus communemēt vsurpé des sauans, & le doit estre de toy.

a *Regulierement dy-le: Car tu trouueras maintes dizains qui's aura autre forme de ryme.*

Enten donq que regulieremēt ₐ au dizain les 4. premiers vers croisent, & les 4. derniers aussy. deux en restēt à asseoir dont le cinqieme simbolise en ryme plate auec le quart, & le 7. pareillement, cōme tu peux voir en ce dizain pris de la Delie de Sceue, & en tous les autres dont elle est pleine.

Amour

Amour plouroit, voire si tendrement,
Qu'à larmoier il esmut ma maistresse,
Qui avec luy pleurant amerement
Se distiloit en larmes de destresse.
  Alors l'enfant d'une esponge les presse,
Et les reçoit: &, sans vers moy se faindre,
Voicy, dit il, pour ton ardeur estaindre:
Et ce disant l'esponge me tendit:
  Mais la cuidant à mon besoin estraindre,
En lieu d'humeur, flammes elle rendit.

Le onzain se fait regulierement en aioutant au neufieme vers du dizain, va autre symbolisant avec luy en ryme plate: comme tu peux voir au suivant, par lequel l'auteur d'iceluy remercie Salel de l'Iliade Françoise qu'il luy reauoit donnée:

  Si tu m'auois fait autant grande part
De ton esprit, comme de la seture
Qui de ton sens à ton grand honneur part,
Tu recevrois de moy à l'auenture
Present au tien semblable de nature
Au moins, si non semblable d'excellence:
  Mais ie ne puy suiuant mon impuissance
Rendre rien fors te dire grand mercy.
Et aux neuf sœurs qui font de leur puissance
Viure deux fois l'Homerique eloquence,
Par toy, Salel, & toy par elle aussy.

Douzain. Ie t'ay donné cest exemple pour formulaire de l'aioutemēt de ce vers abondāt plus, qu'au dizain, qui te pourra semblablement seruir au septain, & au neufain : mais si tu trouues onzains, neufains, & septains autremēt diuersifiés en leur ryme, souuienne toy de ce, que ie t'ay ia dit, qu'en toutes sortes d'epigrāmes & poëmes l'auteur peut à sa phantasie asseoir les vers symbolisans, maisque il le face auec analogie & raison.

De là vient que tu trouueras des douzains en Marot de formes diuerses: car celuy qui est au commencement de ses œuures, & commence:

Oster le vail, approche toy mon liure, &c

est fait par quatrains liés par leurs derniers & premiers vers fraternisans en ryme plate : & celuy, qui est imprimé sur la fin du second liure de ses epigrammes, & commence,

Amy Crauan, ont t'a fait le rapport, &c

est fait comme le dizain : car les 4. premiers & les 4. derniers vers sont croisés, & les 4. du milieu sont ioins entre soy & auec leurs precedens & suiuans en symbole de ryme plate. Ainsi les pourras tu diuersifier tous à ta phantasie.

Quant

Quant à l'espece des vers propres pour l'epigramme, le huitain & le dizain plus parfaits & vsités entre les autres, se trouuent plus doux & meilleurs devers de huit & de dix syllabes: de huit aux matieres plus legeres & plaisantes: de dix aux plus graues & sententieuses. S'ilz s'en trouue de plus petits vers, ils ne sont pas à reietter pour cela, car ie t'ay ia auisé que l'espece du carme ne diminue ny augmente gueres la grace du poëme duquel l'inuention & elocution sont autrement ingenieuses. Tu trouueras aussy des eipgrammes faits en vers Alexandrins, mais en ryme platte, & sans obseruation du nombre des vers suiuant la liberté d'icelle.

Quelz vers sont plus receuz en l'epigrāme.

Sur tout, sois en l'epigramme le plus fluide que tu pourras, & estudie à ce que les deux vers derniers soient agus en conclusion: car en ces deux consiste la louange de l'epigramme. Et est l'esprit de l'epigramme tel, que par luy le Poëte rencontre le plus ou le moins de faueur: tesmoings Marot & Saingelais singulierement recommandés aux cōpagnies des sauans pour le sel de leurs epigrammes.

F 3 Du

Du Sonnet.
CHAP. II.

Qu'est Sônet.

LE sonnet suit l'epigrâme de bien pres, & de matiere, & de mesure: Et quand tout est dit, Sonnet n'est autre chose que le parfait epigramme de l'Italien, comme le dizain du François. Mais pource qu'il est emprunté par nous de l'Italien, & qu'il a la forme autre, que nos epigrammes, m'a semblé meilleur le traiter à part. Or pour en entendre l'enargie, sache que la matiere de l'epigramme & la matiere du Sonnet sont toutes vnes fors que la matiere *Matiere de Sônet.* facecieuse est repugnante à la grauité du sonnet, qui reçoit plus proprement affections & passions graues, mesmes chés le prince des Poëtes Italiens, duquel l'archetype des Sonnetz a esté tiré. La structure en est vn peu fascheuse: mais telle que de quatorze vers perpetuelz au Sonnet, les huit premiers sont diuisez en deux quatrains vniformes, c'est à dire, en tout se re- *Qu'est vniformité en ryme.* semblans de ryme, & les vers de chaque quatrain sont tellemét asis, que le premier symbolisant auec le dernier, les deux du milieu demeurét ioins de ryme plate. Les 6. derniers sont suietz à diuerse asiete: mais

plus

plusſouuent les deux premiers de ces fraterniſent en ryme plate. Les 4. & 5. fraterniſent auſsi en ryme plate, mais differente de celle des deux premiers, & le tiers & le ſizieme ſymboliſent auſsi en toute diuerſe ryme des quatre autres: comme tu peux voir en ce Sonnet de Marot:

Au ciel n'y a ne Planette ne Signe,
Qui ſi à point ſeut gouuerner l'année,
Comme eſt Lyon la cité gouuernée
Par toy, Triuulſe, homme cler & Inſigne.

Cela diſons pour ta vertu condigne:
Et pour la ioye entre nous demenée,
Dont tu nous as la liberté donnée:
La liberté des threſors le plus digne.
Heureux viellard, ces gros tabours tonans,
Le may planté, & les fiffres ſonans
En vent louant toy, & ta noble race.

Or penſe donq que ſont noz volontez,
Veu qu'il n'eſt rien iuſqu'au arbres plantez,
Qui ne t'en louz, & ne t'en rende grace.

Autrement ces ſix derniers vers ſe variét en toutes les ſortes, que permettent analogie & raiſon, comme tu verras en liſant les Sonnetz faitz par les ſauans Poëtes, plus

clerc

clerement, que regle ne moy ne te pourrions montrer.

Quelz vers requiert le Sonnet. Tant y a, que le Sonnet auiourd'huy est fort vsité, & bien receu pour sa nouueauté & sa grace: & n'admet suiuant son pois autres vers, que de dix syllabes.

Du Rondeau, & de ses differences.

CHAP. III.

D'ou le Rondeau est ainsi appellé. LE Rondeau est ainsi nommé de sa forme. Car tout ainsy que au cercle (que le François appelle Rondeau) apres auoir discouru toute la circonference, on r'entre tousiours au premier point, duquel le discours auoir esté commencé: ainsi au Poëme dit Rondeau, apres tout dit, on retourne tousiours au premier carme ou hemistiche pris en son commencement. Et ceste repetition doublée du mylieu à la fin, touchant l'oreille de sa douceur & grace, comme elle est plaisante en l'art de Rhetorique, a donné origine & pris au Rondeau au passé plus qu'au present. Car pource que la matiere du rondeau n'est autre que du sonnet ou epigramme, & les Poëtes de ce temps les plus frians ont quitté les Ron

Rondeaux à l'antiquité, pour s'arrester aux Epigrammes & Sonnetz, Poëmes de premier pris entre les petis. Et de fait, tu lis peu de Rondeaux de Saingelais, Sceue, Salel, Heroët, & ceux de Marot sont plus exercices de ieunesse fondés sur l'imitation de son pere, qu'œuures de telle estofe, que sont ceux de son plus grand eage: par la maturité duquel tu trouueras peu de Rondeaux creuz dedans son iardin. Toutefois pour honnorer l'antiquité, & n'ignorer l'vsage du Rondeau, quand tu le liras, ou prendras enuie d'en faire, enten qu'il s'en fait de quatre sortes.

Quatre sortes de Rondeaux.

Le triolet se fait de deux vers au premier couplet, d'vn au second, & de deux au tiers. Car te fault presupposer que le Rondeau de sa nature est party en trois membres, que nous appellerons coupletz a d'ancienne appellation. Et que apres le second couplet, se fait repetition ou reprise comme apres le tiers.

a Marot l'a ainsy appellé en vn chãt royal escrit cy apres au chapitre du chãt royal.

Au triolet donq apres le second couplet se repete le premier carme entier du premier couplet: & à la fin apres le tiers se reprend tout le premier couplet, comme tu vois en cestuy:

F 5   Votre

Votre cul verd couuert de verd
  A metier d'autre couuerture:
S'on le venoit à descouuert,
  Vostre cul verd couuert de verd.

Celuy qui le verroit ouuer,
  Pourroit bien dire a l'auenture,
Votre cul verd couuert de verd
  A metier d'autre couuerture.

Ie ne m'amuseray ne toy, à te specifier l'vsage de la ryme: car te proposant l'exemple, tu ne saurois faillir à l'imiter. Sera assez de t'auiser, que le Triolet se fait mieux de devers de huit syllabes ou moindres à cause de sa facecie, & legereté: & que tu ne le trouueras gueres hors des Farces, & Moralitéz des Picards, qui en sont auteurs & vsurpateurs.

Le rondeau simple a quatrain en premier couplet, & quatrain en dernier, vniso-
a Vnisones & vniformes, tout va.
nes, a dont les premiers & derniers vers symbolisent, & les deux du mylieu demeurent en ryme plate. Le second couplet n'a que deux vers resemblans en ryme les deux premiers du premier couplet, & reprend on apres le second couplet, & en la fin du tiers le premier vers du premier, ou
seu

seulement hemistiche, comme en cestuy
de Marot:

On le m'a dit dague à ruelle,
Que de moy en mal vous parlez:
Le vin que si bien aualléz,
Vous le met-il en la ceruelle?

Vous estes rapporte-nouuelle,
D'autre chose ne vous mesléz
  On le m'a dit.

Mais si plus vous auient, meselle,
Voz reins en seront bien galléz:
Alléz, de par le diable, alléz
Vous n'estes qu'vne maquerelle,
  On le m'a dit.

Tu verras aussi tout le premier vers repeté en vn autre de Marot, commençant:

Qu'on mene aux champs ce coquardeau.
 &c.

Et pour entendre ceste difference de reprise ou repetitiõ, tu dois noter que le Rondeau simple est lors parfait, quand à la fin du second couplet on repete les deux premiers vers du premier: & à la fin du tiers on reprend tout le premier entier: ne plus ne

Reprise du Rondeau.

ne moins qu'au Rondeau double(duquel
orras parler tantost)pour le parfaire,se re-
petent en fin du secód couplet les trois pre
miers vers du premier : & à la fin du tiers,
on reprend le premier entier:de quelle sor
te tu en trouueras encores chés les vieux
Poëtes,& en Moralités & farces:ou i'aime
mieux que tu les voies,que de t'emplir icy
papier d'exemples à l'auenture ineptes:Car
ie ne t'en puy tirer des œuures des Poëtes
de nostre temps,pour ce que se sachans de
tant longue redite, ont auisé pour le plus
court,& pour le meilleur,de ne reprendre
que le vers premier aux Rondeaux doubles
& simples, ou deux ou trois mots premiers comme porte la sentence, signam-
ment au Rondeau basty de vers de huit syl
labes,& le plus souuent que le premier hemistiche, nóméemét aux Rondeaux faits de
vers de dix syllabes:lesquels, cóme les heroïques Latins,requierét à leur perfection
& bonté,mot clos apres la quatrieme sylla
be masculine,& cinquieme femenine, que
Hemisti- i'appelle hemistiche,c'est à dire,demy vers.
che. Pourtant est,ce qu'és rondeaux de Clement
Marot,& de Ieá Marot son pere,& de tous
les autres sauans & famés Poëtes de ce téps,
tu liras peu ou point de reprises plus longues que l'hemistiche:lequel,à vray dire,
ren'a

r'entrant proprement n'a moins de grace,
que si le demy ou l'entier premier couplet
fut repris & repeté.

 Le Rondeau double est celuy, qui a cin- **Troisieme**
quain pour le premier couplet, & cinquain **Rondeau**
pour le dernier vniformes, comme requiert **double.**
la nature du Rôdeau: mais tels, que les deux
vers premiers de chaque cinquain fraternisent en ryme plate, le tiers & quart tout ainsi, mais en autre terminaison: & le cinquieme symbolise auec les deux premieres. Le
second couplet est de trois vers, de ryme
consonante aux trois premiers du premier
couplet, comme tu peux voir en cestuy
de Marot,

En la baisant m'a dit, amy sans blame,
Ce doux baiser, qui deux bouches embame,
Les arres sont du bien tant esperé.
Ce mot elle a doucement proferé,
Pensant par la appaiser ma grand' flamme.
Mais le mien cœur adonq plus elle enflame
Car son haléne odorant' plus que bame
Souffloit le feu qu' Amour m'a preparé.
  En la baisant.

Bref mon esprit sans cognoissance d'ame
Viuoit alors sur la bouche à ma Dame,
Dont se mouroit le corps enamouré:

Et si sa leure eut gueres demouré
Dessus la mienne, elle m'eut sucé l'ame.
En la baisant.

Ce rondeau s'appelle double, à la difference du simple, pource qu'il a treze vers, ou le simple n'en tient que dix, & pour sa grauité n'admet gueres autres vers que de dix syllabes, comme le simple reçoit pour sa legereté le plus souuent les vers de huit.

4 Rondeaux redoublé ou parfait. Il y a vne autre espece de Rondeau dit parfait ou redoublé, à cause que de moitié ou plus il surmonte le double en nombre de vers & de reprises, & se fait ou du simple, ou du double, en sorte qu'il admet autant de coupletz, qu'il y a de vers au premier couplet, & à la fin de chaque couplet suiuant son ordre se repete vn vers du premier couplet l'vn apres l'autre. Mais auise, que la reprise de cestuy n'est pas abondante hors du couplet comme és autres: mais le vers repris est du nombre des constituans le couplet. Ce Rondeau estoit estimé souuerain entre les anciens, & pourtant appellé parfait: auiourd'huy peu vsité entre les nôtres, qui reçoiuent & vsurpēt le double de treze vers auec reprise d'hemistiche pour le meilleur, mieux sonnant, & plus gra-
cieu-

cieux. Toutefois afin de n'ignorer cestuy, qu'il te prendra à l'auenture enuie d'essayer en reuerence de l'antiquité, ie t'en proposeray icy vn exemple pris de Marot, disant ainsi:

En liberté maintenant me pourmene,
Mais en prison pourtant ie fu cloüé:
Voila comment fortune me deméne:
C'est bien & mal, Dieu soit de tout loüé.

Les enuieux ont dit que de Noé
N'en sortiroy', que la mort les emméne.
Maugré leurs dens le nœu est desnoüé,
En liberté maintenant me proméne.

Pourtant si i'ay fasché la cour Romaine,
Entre meschans ne fu-iz onq alloüé:
Des bien famés s'ay hanté le domaine,
Mais en prison pourtant ie fu cloüé.

Car aussi tost que fu desauoüé.
De celle là, qui me fut tant humaine,
Bien tost apres à saint Pris fu voüé.
Voila comment fortune me demene.

I'eu à Paris prison fort inhumaine,
A Chartres fu doucement encloüé:
Maintenant voy-iz ou mon plaisir me mene,
C'est bien & mal, Dieu soit de tout loüé.

Au fort, amys, c'est à vous bien iolie,
Quand vôstre main hors du parc me raméne.
Escrit & fait d'vn cœur bien enioüé
Le premier iour de la verte semaine.
En liberté.

Tu en pourras faire d'autres qui ne reprendront en fin de leurs coupletz que les simples hemistiches des vers du premier couplet: mais n'en atten de moy exemple, car ie ne te veux retenir aux specifications de ces exemples plus prolixes, que profitables, pource que mon but est de te montrer les elemens & fondemens de Poësie le plus clerement & breuement que ie pourray. Car ie say, & tu n'es pas ignorant, qu'il est autant aisé de bastir sur les fondemens, comme il est facile d'aiouter aux choses trouuées. Suiuant donques breueté, ie ne te veux plus rien dire des Rondeaux, fors que leur vertu premiere est de faire rentrer ou le vers ou l'hemistiche tant proprement & tant à propos, qu'il ne semble pas repeté du commencement: mais tant coherent à la fin de son couplet en suite de propos & sentence, comme si là fut son siege propre & particulier: comme t'enseigne Marot en la façon de tous ses Rondeaux, & en precepte d'vn vulgairement imprimé premier de tout les autres.

La vertu premiere du Rondeau.

De la

De la balade.

CHAPITRE IIII.

LA Balade est Poëme plus graue que nul des precedens, pour ce que de son origine s'adressoit aux Princes, & ne traitoit que matieres graues & dignes de l'oreille d'vn roy. Auec le temps, empireur de toutes choses, les Poëtes François l'ont adaptée à matieres plus legeres & facecieuses, en sorte qu'auiourd'huy la matiere de la Balade est toute telle, qu'il plait à celuy, qui en est auteur. Si est elle neantmoins moins propre à facecies & legeretez.

Sa forme est telle, qu'elle contient trois coupletz, entiers, & vn epilogue communement appellé Enuoy. Les trois coupletz doiuent auoir tous autant de vers les vns comme les autres, & vnisones en ryme, car s'ils sont de different son, ia la bonne part de la grace, que doit auoir la Balade, est esgarée. Le nombre des vers en chaque couplet est mis en l'arbitre du Poëte: toutefois, plus vulgairement chaque couplet est huitain ou dizain, par fois septain ou onzain: desquels ie t'ay pardeuant declaré la structure au chapitre de l'Epigramme. l'Enuoy

G   ou

ou epilogue mesure le nombre de ses vers à la forme du couplet : car si le couplet est huitain, l'Enuoy sera quatrain. Si le couplet a dis vers, l'epilogue en aura cinq plus communémét, aucunesfois sept. S'il est onzain, l'Enuoy sera icy de cinq, là de six, ailleurs de sept vers. Et si le couplet a douze vers, comme tu en trouueras en aucunes Balades de Marot, l'enuoy en doit auoir sept pour legitime proportion. Voilà quant au nombre des vers: mais quant à la ryme, tu entens assez sans mon auertissement, qu'à raison de l'analogie, les vers de l'Enuoy, en quelque nombre qu'ils soient, doiuent resembler en son, autant des derniers du couplet, qu'ils sont en leur nombre: comme si l'epilogue a cinq vers, ces cinq doiuét estre vnisones aux cinq derniers de chaque couplet precedent, & ainsi en plus grand nombre. Mais sur tout, fault que tu auises au dernier vers du premier couplet, qu'on appelle, Refrain, pource qu'il se repete entier en la fin de chaque couplet, & de l'Enuoy de mesme. Repete dy-ie, non comme au Rondeau simple ou double, auquel la repetition du vers ou hemistiche est abondante, c'estadire qu'elle ne diminue point le nombre des vers autrement requis au couplet, ains est supernumeraire. Mais en la Balade le re

La forme de l'Enuoy ou epilogue.

Refrain en la Balade.

le refrain repeté est conté pour vn des vers constituans le couplet, comme tu peux voir en ceste Balade de Marot:

Quãd Neptunus puissant Dieu de la mer,
Cessa d'armer Carraques & Galées,
Les Gallicans bien le deurent aimer,
Et reclamer ses grans ondes salées:
Car il voulut en ces basses vallées
Rendre la mer de la Gaule hautaine
Calme & paisible ainsi qu'vne fontaine.
Et pour oster Matelos de souffrance,
Faire nager en ceste eau clere & saine
Le beau Dauphin, tant desiré en France.

Nymphes des bois pour son nom sublimer
Et estimer, sur la mer sont allées:
Si furent lors, comme on peult presumer,
Sans escumer les vagues rauallées:
Car les forts vents eurent gorges halées,
Et ne souffloient sinon à douce haléne,
Dont Mariniers voguoient en la mer pleine,
Sans craindre en rien des orages l'outrance:
Bien preuoians la paix que leur améne
Le beau Dauphin, tant desiré en France.

Monstres marins veit on lors assommer,
Et consommer tempestes deuallées:

Si que les nefz sans crainte d'abymer
Nageoient en mer à voiles auallées,
Les grans poissons faisoient saults & allées,
Et les petis d'vne voix fort sereine
Doucettement auecque la Sereine
Chantoient au iour de sa noble naissance,
Bien soit venu en la mer souueraine
Le beau Dauphin, tant desiré en France.

Prince marin, fuiant œuure vilaine,
Ie te supply garde que la Baleine
Au Celerin plus ne face nuisance.
Afin qu'on aime en ceste mer mondaine
Le beau Dauphin, tant desiré en France.

Tu trouueras d'autres Balades à double refrain, l'vn repeté au mylieu du couplet, & l'autre à la fin : comme en la Balade de Marot à Frere Lubin : & ceste maniere de refrain double, est autant rare, que plaisante. La Balade au demourant se fait de vers de huit & de dix syllabes mieux & plus communémét. Mais tien tousiours en memoire ceste regle generale, que le vers de huit syllabes est né seulement pour choses legeres & plaisantes. Note consequemmét quant au fait de la Balade, que sa premiere vertu & perfection est, quand le frain n'est point tiré par les cheueux pour rentrer en fin

Propriété du vers de huit syllabes.
Principale vertu de la Balade.

fin de couplet: mais y est repeté de mesme grace & connexion que ie t'ay dit au chapitre precedent estre requise à la reprise du Rondeau.

L'enuoy commence quasi tousiours par ce mot, Prince, si la Balade se dresse à homme: & par, Princesse, si à femme: d'ou tu peux cognoistre la maiesté & pris d'elle. Cela toutefois n'est tant necessaire, que tu ne trouues en beaucoup d'Enuoys ces mots laissés pour autres mieux à propos, qui ayent pareille ou meilleure harmonie.

Du Chant Royal, & autres chants vsurpez en Poësie Francoise.

CHAPITRE V.

Toute telle difference y a-il entre le Chant Royal & la Balade, comme entre le Rondeau & le Triolet. Car le chāt Royal n'est autre chose, qu'vne Balade surmōtant la Balade commune, en nombre de couplets, & en grauité de matiere. Aussi s'appelle-il chant Royal, de nom plus graue, ou à cause de sa grandeur & maiesté, qu'il n'appartient estre chantée, que deuant les Roys: ou pource, que veritablement la fin du chant Royal n'est autre, que de chanter les louanges, préeminences & dignités

Chāt Royal pourquoy dit ainsi.

des

des Roys tant immortels, que mortels: comme il est à presumer, que la Balade ayt esté ainsi nommée à cause du bal, auquel se peult croire, que par son chant se souloit accōmoder au temps de son origine. Mais afin que tu ne me dies curieux d'etymologies (qui touchent toutefois de bien pres la force & sustance de la chose a) ie me contenteray de ce peu, que ie t'en ay dit, pour te auiser au reste, que le plus souuent la matiere du chant Royal est vne allegorie obscure enuelopant souz son voile, louange de Dieu ou Deesse, Roy ou royne, Seigneur ou Dame: laquelle autant ingenieusement deduite, que trouuée, se doit continuer iusques à la fin le plus pertinemment que faire se peult: & conclure en fin ce que tu pretens toucher en ton allegorie auec propos & raison. Sa structure est de cinq couplets vnisones en ryme, & egaux en nombre de vers, ne plus ne moins qu'en la Balade: & d'vn Enuoy de moins de vers, suiuant la proportion mentionnée au chapitre precedent. Mais il a plus de certitude, car peu de chans Royaux trouueras-tu autres, que de onze vers au couplet, & consecutiuemēt de sept à l'Enuoy, ou de cinq, selon que l'interpretation de l'allegorie requiert. Car coutumierement l'Enuoy du chant

a Ciceron aux Topiques.
Matiere du chant Royal.

chant Royal porte la declaration de l'allegorie, qui y a esté deduite: & par là cognoit on si pertinemment & proprement la similitude de l'allegorie est accommodée à ce que declare l'Enuoy. Lequel ainsi comme en la Balade commence par ce mot, Prince: & repete auec congrue & pertinente conclusion le refrain, qui aura pardeuant finy chacun des cinq couplets de mesme proprieté & coherence, que i'ay dit en la Balade: ainsy que cest exemple pris de Marot te montrera plus clerement.

Enuoy au chant Royal, côme en la Balade, commence par le mot, Prince.

Prenant repos desouz vn verd Laurier
Apres trauail de noble Poësie:
Vn nouueau songe assez plaisant l'autrier
Se presenta deuant ma phantasie
De quatre amans fort melancholieux,
Qui deuers moy vindrent par diuers lieux:
Car le premier sortit d'vn boys i'auise,
L'autre d'vn Roc, celuy d'apres ne vise
Par ou il va: l'autre saute vne claye:
Et si portoient tous quatre en leur deuise
Desbender l'arc ne guarit point la playe.

Le premier vint tout palle me prier
De luy donner confort par courtoisie:
Poursuiuant suy, dit-il, dont le crier
N'est point ouy d'vne que i'ay choisie:

G 4 Elle

Elle à tiré de l'arc de ses dous yeux
Le perçant trait, qui me rend soucieux:
Me respondant quand de moy est requise,
Que n'en peult mais: & sa beauté exquise
De moy s'absente, à fin qu'en oubly l'aye,
Mais pour absence en oubly n'est pas mise.
Desbender l'arc ne guarit point la playe.

L'autre disoit au rebours du premier:
I'ay biens assez, & ne me ressasie:
Car seruant suy de loyr coutumier
De la plus belle & d'Europe, & d'Asie:
Ce neantmoins Amour trop furieux
D'elle me fait estre plus curieux
Qu'auant auoir la iouissance prise.
Ainsi ie suy du feu la flamme esprise,
Qui plus fort croist quāt estaindre on l'essaye
Et cognoy bien qu'en amoureuse emprise
Desbender l'arc ne guarit point la playe.

Apres ie vey d'aimer vn vieil Routier,
Qui de grand cœur soux puissance moisie,
Chanta d'amours vn couplet tout entier
Louant sa Dame, & blasmant Ialousie:
Dont les premiers ne furent enuieux
Bien luy ont dit, vieil hōme entre les vieux,
Comment seroit ta pensée surprise
D'aucune amour, quāt le tēps qui tout brise,
T'a desnué de ta puissance gaye?

I'ay

I'ay bon vouloir (respond la teste grise)
Desbender l'arc ne guarit point la playe.

D'vn rocher creux saillit tout au dernier
Vne ame estant de son corps dessaisie
Qui ne vouloit de Charon nautonnier
Passer le fleuue.O grande phrenesie!
Aller ne veult aus champs delicieux
Ains veult attēdre au grād port Stygieux,
L'ame de celle ou s'amour est assise
Sans du venir sauoir l'heure precise.
Lors m'esueillay tenant pour chose vraye
Que, puis qu'Amour suit la personne occise,
Desbendes l'arc ne guarit point la playe.

Prince, l'Amour vn querant tyrannise:
Le iouissant cuide estaindre, & attise:
Le viel tient bon, & du mort ie m'emaye:
Iugez lequel dit le mieux sans faintise
Desbender l'arc ne guarit point la playe.

Tu as en ce patron la structure & façon du chant Royal plus exprimée au vif, qu'elle ne pourroit estre par paroles. Pource ne te veux ie autrement aussy particulariser la ryme de chaque onzain, me fiant que par ton bon esprit la sauras aisément former suiuant cest exemplaire. Passons donq outre, & retien que tu ne liras point de chāt

Vers propres au Chāt Royal.

Royal

Royal fait d'autres vers, que de dix syllabes.

Note d'auantage, que l'elegance & pertinente deduction de l'allegorie est la premiere vertu du chant Royal: La seconde, la coherence du refrain à chaque couplet.

Or liras-tu en Marot entre ses œuures des titres d'autres chans: Chans Pastouraux: chans nuptiaux: chans de ioye: chans de follie: & semblables inutiles ainsy plus à l'auenture, & à l'arbitre de l'imprimeur, que suiuant la phantasie de l'auteur. Quoy que soit, retien ce pendant que le chant Royal est le premier & souuerain, entre tous les chans: & que les autres ne se font qu'à l'ombre & imitation de luy. Aussy en trouueras tu les vns en forme de balade, a les autres en façon d'epigramme, b & d'autres en forme de dizains ou huitains separez, sans nombre esseuré, ne ryme certaine, c Qui en refrain double, d qui auec refrain simple, e Qui sans l'vn ne l'autre. f Pourtant voulant faire chant autre que Royal, fay-le de la forme que tu penseras la plus commode & propre à la matiere, dont tu l'entrepren

Vertu du chant Royal.

Chans autres que Royaux.
a Comme le chât pastoral de Marot dressant au cardinal de Lorraine: & cômençant, N'y pense plus.
b Chant de folie des Pisselins en Marot.
c Les châtz nuptiaux des mariages de Madame Renée & de Madame Magdeleine de France.
d Le chant nuptial de Madame Renée.
e Tous ceux qui sont faits en forme de Balade.
f Le chant nuptial du Roy d'Escoce, & Madame Magdaleine. Le cantique françois.

reprendras batir: & tu n'y feras faute digne de reprehenfion, maisque tu te propofes l'analogie par tout recommandée par moy icy dedans, & ce decore tant inculqué par Horace au difcours de fon Art Poëtique.

Du Cantique, Chant Lyrique ou Ode, & Chanfon.

CHAP. VI.

LE Cantique, Chant Lyrique, & Chanfon, refemblent les Chans defquels ie te vien de parler au chapitre precedent, de nom plus, que de forme & fuiet: car le Cantique François n'eft autre chofe que le Pfalme Hebreu ou Latin. Auffy trouueras tu les Cantiques de Marot pleins d'inuocations & prieres dreffées aux Deux, à fin de deftourner le mal, ou continuer le bien. Et fi tu en trouues non dreffans de droit fil aux Dieux, ou Deeffes, fi eft ce, que couuertement ils contiendront priere ou deteftation, comme ie te laiffe aller voir chez Marot en ceux, qu'il a tournéz de Dauid, & en plufieurs qu'il a fais de fon inuention. Defquels ie ne t'efcriroie icy nefun, pource que la forme de l'vn ne t'enfeigne point la droite façon des autres: à raifon que tu peux faire le Cantique de telle forte de

vers,

vers, soient petis ou longs ou meslés, & de telle ryme que tu voudras, mais que auec proportion, encor, tant longs & tant cours qu'il te plaira; car ny a rien de limité, mais à fin que tu n'en desires exemple, pren cestuy de Marot:

Dieu qui vouluz le plus hault ciel laisser,
Et ta hautesse en la terre abaisser
Là ou donnas santé à mains & maintes,
Vueilles ouir de toutes mes complaintes
Vne sans plus: veuilles donner santé
A celle la, par qui suis tourmenté.

Ta sainte voix en l'Euangile crie
Que tout viuant pour ses ennemis prie.
Guery donq celle(O medecin parfait)
Qui m'est contraire, & malade me fait.

Helas, Seigneur, il semble, tant est belle,
Que plaisir prins à la composer telle:
Ne souffre pas auenir cest outrage
Que maladie efface ton ouurage.

Son embonpoint commence à se passer,
Ia ce beau trait se prend à effacer,
Et ces beaus yeux clers & replendissans
Qui m'ont nauré, deuiennent languissans.

Il est bien vray, que ceste grand' beauté
A de

A deseruy pour sa grand' cruauté
Punition:mais, sire, à l'auenir
Elle pourra plus douce deuenir.

Pardonne luy, & fay que maladie
N'ayt point l'honneur de la faire enlaidie.
Assez à temps viendra vieillesse palle,
Qui de ce faire a charge principale.

En ce pendant si tu la maintiens saine,
Ceux qui verront sa beauté souueraine,
Beniront toy & ta fille Nature
D'auoir formé si belle creature.

Et de ma part feray vn beau Cantique,
Qui chantera le miracle autentique
Que fait auras admirable à chacun
D'en guerir deux en n'enguerisant qu'vn.

Non que pour moy ie leue au ciel la face,
Ne que pour moy priere ie te face,
Car ie te doy supplier pour son bien,
Et ie la doy requerir pour le mien.

Ce poëme est Cantique, comme Marot mesme le nomme au huitieme vers deuant la fin:& est fait en ryme plate distinguée autrement par quatrains. Les Cantiques de luy pour la paix ont quasi semblable

ble forme:mais celuy de la Royne Elienor pour la conualescence du Roy François malade, commençant:

S'esbahyt-on si ie suis esplorée,
&c.

Vn autre à la Déesse Santé pour le Roy malade, commençant:

Douce Santé de Langueur ennemie,
&c.

Et vn autre imprimé entre les elegies, qui toutefois est vray Cantique, qui dit,

Filz de Venus voz deux yeux desbendés,
&c.

ont toute autre forme de ryme & de couplet. Et pour cela t'ay-ie dit, que le Cantique est variable en sa forme & structure.

Chāt Lyrique, & Ode, tout vn. Le chant Lyrique, ou Ode, (car autāt vault à dire) se façonne ne plus ne moins que le Cantique, c'est à dire, autant variablemēt & inconstamment: sauf que les plus cours & petits vers y sont plussouuent vsités & mieux seans, à cause du Luth, ou autre instrument semblable, sur lequel l'Ode se doit chanter. Aussy la matiere suyt l'effet de l'instrumept, qui comme le chant Lyrique

que & l'Ode comme l'instrument exprime tāt du son comme de la voix les affections & passions tristes, ou ioieuses, ou craintiues, ou esperātes, desquelles ce petit Dieu (le premier & principal suiet de Poësie, singulierement aux Odes & chansons) tormente & augmente les espris des amoureux. Ainsy est le chant Lyrique aussy peu constant qu'ils sont, & autant prompt à changer de son, de vers, & de Ryme, comme eux de visages & d'acoutremens. Pource n'en atten de moy aucune regle autre, fors que choisisses le patron des Odes en Pindarus Poëte Grec, & en Horace Latin, & que tu imites à pied leué Saingelais és Françoises, qui en est auteur tāt doux, que diuin: cōme tu pourras iuger lisant ceste Ode sienne faite au nom d'vne Damoiselle:

O combien est heureuse
La peine de celer
Vne flamme amoureuse,
Qui deux cœurs fait bruler,
Quand chacun d'eux s'attent
D'estre bien tost content.

Las, on veult que ie taise
Mon apparent desir,
Et feigne qu'il me plaise

Noel

Nouel amy choisir:
Mais forte affection
N'endure fiction.

Vostre amour froide & lente
Vous rend sage & discret:
La mienne violente
N'entend pas ce secret:
Amour nulle saison
N'est amy de raison.

Si mon feu san fumée
Est violent & chault,
Estant de vos aimée,
Du reste il ne me chault:
Soit mon mal veu de tous,
Et seul senty de vous.

Si femme en ma presence
Autre nous entretient,
Amour veult que ie pense
Que cela m'appartient:
Car luy & longue foy
Vous doinent tout à moy.

Que me sert que ie soye
Auec Prince ou Roy,
Et qu'ailleurs ie vous vole
Sans approcher de moy?

La peur du chnagement
Me cause grand torment.

Quand par bonne Fortune
Serez mien de tout point,
Lors parlez à chacune,
Ie ne m'en plaindray point:
Ie vous pry ce pendant
N'estre ailleurs pretendant.

Pensez vous que la veu
Soit assez entre amys,
Ne me voiant pourueuë
De ce qu'on m'a promis.
C'est trop peu que des yeux,
Amour veult auoir mieux.

De vous seul ie confesse
Que mon cœur est transy,
Si i'estoy grand Princesse,
Ie diroy tout ainsy:
Si le vostre ainsy fait,
Montres le par effet.

La mesme perfection & douceur de luy,
liras tu voyant ses autres Odes en autre
forme commençantes:

Laissez la verde couleur,&c.
Puys que nouuelle affection,&c.

H Ne

Ne vueilles Madame &c.
Helas mon Dieu y a il en ce monde, &c.

& grand nombre d'autres toutes tant cognues & chantées, qu'il n'est ja besoin de t'en escrire icy copie.

Chanson. La chanson approche de tant pres l'Ode, que de son & de nom se resemblent quasi de tous poins: car aussy peu de constance a l'vne, que l'autre: en forme de vers, & vsage de ryme. Aussy en est la matiere toute vne. Car le plus commun suiet de toutes deux sont, Venus, ses enfans, & ses Charites: Bacchus, ses flaccons, & ses saueurs. Neātmoins tu trouueras la Chanson moindre en nōbre de couplets que le chāt Lyrique, & de plus inconstante façon & forme de stile notamment auiourd'huy, que les Musiciés & Chātres font de tout ce, qu'ils trouuent, voient, & oient, Musique & Chāson & me doute fort, qu'entre cy & peu de iours ils ferōt de Petit pont, & de la Porte bandets des chansons nouelles. Pourtant peux tu aisément entendre, que de t'en escrire forme & regle certaine, seroit à moy temeraire entreprise, à toy leçon inutile. Ly donq les chansons de Marot (autant souuerain auteur d'elles, comme Saingelais

lais de chant lyrique) desquelles les sons & differences t'enseigneront plus de leur vsage qu'auertissement, que ie te puisse icy aiouter. Et ne t'esbahis au reste de ce, que i'ay separé ces trois, le Cantique, l'Ode, & la Chanson, que ie pouuois comprendre souz l'appellation de Chanson : Car encor que nous appellions bien en Fraçois, Chanson, tout ce qui se peut chanter : & ces trois soient indifferemment fais pour chanter, comme leurs noms & leurs vsages portent, toutefois cognois tu bien, qu'ils ont en forme & stile quelque dissimilitude, laquelle taisée t'eut fait douter, & comme ie l'ay exprimée, ne te peut que soulager.

De l'Epistre, & de l'Elegie, & de leurs differences.

CHAP. VII.

MArot en ses œuures, ou l'imprimeur en son nom, a distingué & mis à part les Epistres en vn rang, & les elegies en vn autre. Toutefois la difference en est tant petite, qu'il t'y fault auiser de bien pres pour la discerner.

L'epistre Françoise faite en vers, a forme   L'epistre. de missiue enuoyée à la personne absente,

pour

pour l'acertener ou autrement auertyr de ce, que tu veux qu'il sache, ou il desire entendre de toy, soit bien, soit mal: soit plaisir, soit desplaisir: soit amour, soit haine. Par ce moien tu discours en l'Epistre baucoup de menues choses & de differentes sortes sans autre certitude de suiet propre à l'Epistre. Et en vn mot, l'Epistre Françoise n'est autre chose, qu'vne lettre missiue mise en vers: comme tu peux voir aux Epistres d'Ouide tant Latines, que Françoises, & aux Epistres de Marot, & autres tels fames Poëtes.

L'elegie. L'elegie n'est pas suiette à telle varieté de suiet, & n'admet pas les differences des matieres & legeretés communément traitées aux epistres: mais ie ne say quoy de plus certain. Car de sa nature l'Elegie est triste & flebile; a & traite singulierement les passions amoureuses, lesqueles tu n'as gueresveuës ny oyës vuidés de pleurs & de tristesse. Et si tu me dys que les epistres d'Ouide sont vrayes epistres tristes & amoureuses, & toutefois n'admettent le nom d'elegie: enten que ie n'exclu pas l'Amour & ses passions de l'Epistre, comme tu peux auoir entendu au commencement de ce chapitre en ce que ie t'en ay dit: Mais

a Ouide en ses elegies, Flebilis indignos elegeia solue capillos.

ie

Mais ie dy que l'Elegie traite l'Amour, & declare ses desirs, ou plaisirs, & de tristesses à celle, qui en est la cause & l'obiet, mais simplement & nuement: ou l'epistre garde sa forme de superscriptions & souscriptions, & de stile plus populaire. Or si tu requiers éxéples d'Elegies, propose toy pour formulaire celles d'Ouide escrites en ses trois liures d'amours, ou mieux ly les Elegies de Marot: desquelles la bonne part represente tant viuement l'image d'Ouide, qu'il ne s'en fault que la parole du naturel. Pren donq l'elegie pour epistre Amoureuse: & la fay de vers de dix syllabes tousiours: lesquels tu ne requerras tant superstitieusement en l'epistre que tu ne la faces par fois de vers de huit, ou moindres: mais en l'vne & en l'autre retien la ryme plate pour plus douce & gracieuse.

Du Dialogue, & ses especes, comme sont l'Eclogue, la Moralité, la Farce.

CHAP.   VIII.

ENtre les poëmes sont frequens & bien receuz ceux qui sont traités en stile prosomilitique, c'est a dire, côfabulatoire: quels sont

sont ceux ou par prosopopée sont introduites personnes parlantes à tour, que lon nomme du mot Grec, Dialogues.

dialogue. Or le Dialogue, comme genre, contient mainte especes souz soy, que nous deduirons peu apres chacune à part soy. Mais entens premierémet, que ces especes ont nom noble & propre, par lequel elles sont cognues: comme Eclogue, Moralité, Farce. Et hors ces trois, le Poëme, auquel sont personnes introduites, retient le nom generique, & s'appelle simplemēt Dialogue: quel est en Marot le iugement de Minos: quelz sont aussi beaucoup d'autres, que tu trouueras lisant les Poëtes François, chés lesquelz tu verras aussi le Dialogue estendu iusques aux Epigrammes: comme en Marot au second liure de ses epigrammes, celuy qui commence:

Marot:

Muse, dy moy, pourquoy à ma maistresse
Tu n'as sceu dire Adieu à son depart?

Sa muse:

Pource que lors ie mouru de destresse,
Et que d'vn mort vn mot iamais ne part.

Marot

Marot:
Muse, dy moy, comment donques Dieu gard
Tu lay peux dire ainsi de mort rauie?

Sa muse:
Va poure sot, son celeste regard
La reuoyant m'a redonné la vie.

Et Saingelais en l'Epitaphe de feu Monsieur Budé, disant ainsi:

A. Qui est ce corps, que si grand peuple suyt?
B. Las c'est Budé au cercueil estendu.
A. Que ne sōt dōq les cloches plus grād bruit?
B. Son bruit sans cloche est assez entendu.
A. Que n'a lon plus en torche despendu,
   Selon la mode acoustumée & sainte?
B. Afin qu'il soit par l'obscur entendu,
   Que des François la lumiere est esteinte.

L'eclogue est Grecque d'inuention, Latine d'vsurpation, & Françoise d'imitation. Car Theocrite le Poëte Grec est le patron, sur lequel Vergile a pourtrait ses Eclogues, & Vergile est le mole, d'ou Marot, & les autres Poëtes Fraçois ont pris la forme des siēnes, & tous les trois sont l'exēplaire, que tu y dois suiure. Auise dōq que ce Poëme me qu'ils ont appellé Eclogue, est plus souuent vn Dialogue, auquel sont introduis Bergers & gardeurs de bestes, traitans souz propos & termes pastoraux, morts de Princes, calamitez de temps, mutations de Republiques, ioyeux succes & aduenemens de fortune, louanges Poëtiques, & telles choses ou pareilles souz allegorie tant clere, que les desseins des noms, des personnes, & l'adaptation propre des propos pastoreaux aux choses souz iceux entendues & deduites, les facent voir tant clerement, comme s'apperçoit la peinture souz le verre: comme tu peux voir au Tityre qu'a tourné Marot de Virgile, & en l'eclogue qu'il a faite sur la mort de feuë Madame Loïse, mere du feu nostre Roy François, premier de nom & de grandeur: & en celle qu'il a dressée audit feu Roy, souz les noms de Pan, & de Robin. Laquelle trouuant sans interlocution de personnes & forme de Dialogue, retien que l'Eclogue se fait elegamment de perpetuel fil d'oraison, en sorte ce pendant que les Prosopopées entremeslées au fil, suppliffent l'interlocution, & que les propos & personnes constituantes le narré, sentent, auec leur decore garde, la Bergerie (car le François ainsi nomma l'Eclogue Grecque, & assez proprement) que

su

tu feras meilleure, plus fera courte: & plus elegante de carmes de dix syllabes, que de moindres. Et encor que la ryme plate y soit plus cōmune & propre, Marot neantmoins t'a montré en l'Eclogue de feuë Madame la Regente, que la ryme croisée n'y a point mauuaise grace.

La Moralité Frāçoise represente en quelque chose la Tragedie Grecque, & Latine, singulierement en ce qu'elle traite fais graues & Principaux. Et si le François s'estoit rāgé à ce que la fin de la Moralité fut tousjours triste & doloreuse, la Moralité seroit Tragedie. Mais en ce auons nous comme en toutes choses suiuy notre naturel, qui est de prendre des choses estrangeres, non tout ce, que nous y voions, mais seulement que nous iugeons faire pour nous & estre à notre auantage. Car en la Moralité nous traitons, comme les Grecs & Latins en leurs Tragedies, narrations de fais illustres, magnanimes & vertueux, ou vrays, ou au moins vray semblables: & en prenons autrement ce, que fait à l'information de noz mœurs & vie, sans nous assuietir à douleur ou plaisir d'yssue. Et cela faisons nous aux ieux publiques & solennelz: esquels soient en Theatres ou sales, gardons nous

Tragedie Grecque, ou latine.

Nature des François.

encor

encor quelque ombre des ieux Amphitheatraux & sceniques tant celebrés par le passé. En quoy veritablement nous sommes
loing reculéz de la perfectiō antique, à cause que la faueur populaire desirée en premiere ambition par les anciés Grecs & Romains, est morte entre nous, qui auōs Monarques & Princes hereditaires : & qui ne
nous souciōs de gaigner suffrages par spe-
ctacles & ieux de somptueuses despenses,
ains au cōtraire faisons les ieux pour y gaigner, & en faire profit. Par ce moyen demourans noz ieux actes & entreprises pri-
uées, & consequemment sordides, nous ar-
restons plus à nous en acquiter, qu'à les
consommer en leur perfection.

Ieux Amphitheatraux & sceniques.

Or y a il vne autre sorte de Moralité,
que celle dont ie vien de parler, en laquelle
nous suiuons allegorie ou sens moral (d'ou
encor retient elle l'appellation) y traitans
ou proposition Morale, & icelle deduisans
amplement souz fainte de personne attri-
buée à ce, que veritablement n'est homme
ne femme, ou autre Enigme, & allegorie
faisant à l'instructiō des mœurs. Quoy que
soit, pense que la premiere vertu de la Moralité, & tout autre Dialogue, est le Decore
des personnes obserué à l'ongle, & ia cōue-
nante

Seconde espece de Moralité.

Vertu de Moralité.

nâte & apte reddition du Moral & allegorie. Toutes fortes de vers y font receuës en meflange & varieté: mefme tu y trouueras Balades, Trioletz, Rondeaux doubles, & parfais, Lays, Virelays, tous amaffés comme morceaux en fricaffée. Quant à moy i'eftimeroy la Moralité bonne de vers de dix fyllabes, à raifon de fa grauité. Mais fuiuans le dit d'Horace en fon art Poëtique, que le Poëte meflant le doux auec le profitable, emporte l'applaudiffement & fuffrage de chacū a, nous ne faifons auiourd'huy ne pures Moralités, ne fimples farces: mais meflans l'vn parmy l'autre, & voulans enfemble profiter & refiouïr, meflons du plat auec du croifé, & des longs vers auecques des cours, faifans noz ieux tant diuers en bigarreures, comme font Archers de garde, ou de ville: lefquels puis qu'ils plaifent tels aux Princes & communautéz, femble que ne pouuons eftre que fupportables bigarrás de mefmes les ieux, par lefquels tachons plaire à ceux mefmes.

Horace dit, Omne tulit punctum, qui mifcuit vti le dulci.

La Farce retient peu ou rien de la Comedie Latine: aufsi à vray dire, pour ce quoy elle fert, ne feruiroient rien les actes, & fcenes, & en feroit la prolixité enuieufe. Car le vray fuiet de la Farce ou Sottie Françoife

La farce, à Comedie Latine.

çoise, sont badineries, nigauderies, & toutes soties esmouuantes à ris, & plaisir.

Le suiet de la Comedie Grecque & Latine, estoit tout autre: car il y auoit plus de Moral que de ris, & bien souuent autant de verité que de fable. Noz Moralités tiennent lieu entre nous de Tragedies & Comedies indifferemment: & noz Farces sont vrayement ce que les Latins ont appellé Mimes a ou Priapées. La fin & effet desquels estoit vn ris dissolu: & pource toute licence, & lasciuie y estoit admise, comme elle est auiourd'huy en noz Farces. A quoy exprimer tu ne doutes point que les vers de huit syllabes ne soient plus plaisans, & la ryme plate plus coulante. Aussi te penseie assez informé, pource que tout dialogue se prononce mieux qu'il ne s'escrit, que tu dois donner à son action ce que Demosthene ne donna à la prononciation de l'oraison b, sauoir, les premieres, secondes, & tierces parties, la iugeant
au Dialogue non principale, mais seule
& vnique
vertu.

*

a Des mimes parle Ciceró au 2. de l'or. à Quint son frere : & Quintiliã li ure sixieme chapitre 4 Vers & ryme pptes à la Farce.

b Ciceron au tiers liure de l'orateur à Quint son frere.

du

Du Coq à l'Asne.

CHAP. IX.

JE desire pour la perfection de toy Poëte futur, en toy parfaite congnoissance des langues Grecque, & Latine : car elles sont les deux forges d'ou nous tirons les pieces meilleures de nôtre harnois, comme ie t'ay aduerty par cy deuant en plusieurs endroits: & tu peux voir encor en ce Poëme, que nous auons descouuert puisnagueres: & l'ont ses premiers auteurs nommé, Coq à l'asne, pour la varieté inconstante des non coherens propos, que les François expriment par le prouerbe du sault du Coq a l'asne. Sa matiere sont les vices de chacun, qui y sont repris librement par la suppressiō du nom de l'auteur. Sa plus grande elegance est sa plus grande absurdité de suite de propos, qui est augmétée par la ryme plate, & les vers de huit syllabes. L'exéplaire en est chez Marot, premier inuenteur des Coqs à l'asne, & premier en toutes sortes auteur d'iceux, si tu ne les veux recercher de plus loin. Car à la verité les Satyres de Iuuenal, Perse, & Horace, sont Coqs à l'asne Latins : ou a mieux dire, les Coqs à l'asne de Marot, sont pures Satyres

Coq a l'asne pourquoy ainsi appellé.

Satyres.

Françoises, comme ie t'auoie cõmencé à dire à l'entrée, de ce chapitre. Mais sois fin & auisé en les faisant, à fin de ne tomber au vice de ie ne say quels, non Poëtes, mais rimeurs, qui esmeus de la faueur qu'auoient rencontré ceux de Marot pour leur nouueauté & bône grace, & de telle amour enuers leurs sotz œuures, qu'ont les Singes enuers leurs leur petis, n'ont eu honte par cy deuant, & ne craignent tous les iours de publier des rymasseries, qui ne meritent nom de Coqs à l'asne, ne de Satyres, tant sont licencieuses, lasciues, effrenées, & autrement sottemẽt inuentées & composées.

Du Blason, & de sa definition & description.

CHAP. X.

LE Blason est vne perpetuelle louange ou continu vitupere de ce, qu'on s'est proposé blasonner. Pource seruiront bien à celuy, qui le voudra faire, tous les lieux de demõstration escris par les rheteurs Grecs & Latins. Ie dy en l'vne & en l'autre partie de louange & de vitupere. Car autant bien se blasonne le laid comme le beau, & le mauuais comme le bon: tesmoin Marot en
ses

ses Blasons du beau & du laid Tetin: & sortent les deux d'vne mesme source, comme louanges & inuectiues. Et comme le peintre & le Poëte sont cousins germains, par la regle: *Pictoribus atq; Poëtis* a, &c. me faudroit peu pousser pour croire que le blason des couleurs aux Armoiries, nous eut esté origine de peindre en Poësie notre Blason. De quelconque coin soit il sorty, le plus bref est le meilleur, mesqu'il soit agu en conclusion: & est plus doux en ryme plate, & vers de huit syllabes: encores que ceux de dix n'en soient pas reiettés, comme ineptes: ainsi que tu peux voir aux Blasons du corps femenin, entre lesquels le Blason du sourcil (le mieux fait au iugement de Marot b) est en vers de dix syllabes, comme sont aussi plusieurs autres.

a Horace en l'art Poëtique.
Blasō d'ou ainsi appellé.

Definition & description retiennent les noms Latins, & outre les noms la forme. Car la definition Françoise exprime la sustance de la chose definie, & le naturel fond d'elle. Et la description peint & colore seulement la chose descrite par ses proprietés & qualitéz accidentaires, ne plus ne moins qu'en Latin. Ces deux sortes de Poëmes sont trouuées de nouueau, & encor peu vsitées, toutefois elegantes: comme tu peux

b Marot en l'epistre enuoyée de Ferrare, aux Poëtes François, qui l'auoiēt suiuy aux Blasons du corps femenin.
Definition.
Descriptiō.

peux voir en la definition d'Amour qui dit ainsi:

Qu'est ce qu'Amour? est-ce vne Deité
Regnant sur nous, ou volonté naissante
Sans quelque force, & sans necessité?

C'est vn pouuoir qui par secrete sente
Se ioint au cœur dissimulant sa force,
Et se fait maistre auant que lon le sente.

C'est vn discord & general diuorce
D'entre le sens & le vray iugement,
Laissant le fruit pour la fœille & l'escorce.

C'est vn vouloir qui n'a consentement,
Qu'a refuser ce qu'il voit qui l'asseure
De luy donner meilleur contentement.

C'est vn desir qui pour attēdre vne heure
Perd beaucoup d'ās, et puis passe cōme ombre:
Mais rien de luy fors douleur ne demeure.

C'est vne espoir, qui pallie & adombre
Le mal passé, & l'estimation
De l'auenir, qui n'a mesure ou nombre.

C'est vn trauail d'imagination,
Lequel riant par craintiue esperance
Oisiue rend toute occupation.

C'est vn plaisir, qui meurt à sa naissance:
Vn desplaisir, qui plus est en saison,
Quand plus prochain de sa fin on le pense.

C'est vn portier, qui ouure la maison
Aux ennemys, & aux amys la ferme,

Faisant

Faisant les sens gouuerneurs de raison.
C'est vn refus, qui asseure & afferme:
Vn asseurer, qui desasseure & nie
Rendant le cœur en inconstance ferme.

C'est vn ieuner, qui pait & resasie:
Vn deuorer qui ne fait qu'affamer:
Vn estre sain en sieure & phrenesie.

C'est vn flateur, qui soux le nom d'aimer
Tient tout en guerre, & tout reconcilie,
Sachant guerir ensemble & entamer.

C'est vn effort qui estraint & délie:
Vne foiblesse & puissance si grande,
Que tout bas hauce, & tout hault humilie.

C'est vn suiet qui n'a qui luy commande:
Vn maistre auquel chacun va resistant,
Fors ceux à qui les yeux il clost ou bende.

C'est vn vouloir trop ferme en persistant:
Vn obstiné, qui vne mesme chose
Veult & ne veult cent fois en vn instant.

C'est vne chose interieure & close,
Qu'on veult celer, & que chacun entend,
Qu'on ne peult taire, & que dire lon n'ose.

C'est vn sauoir incongneu & latent,
Lequel on peult trop mieux penser que dire:
Dont laisseray d'en raisonner a tant.
Et pour penser abandonne l'escrire.

Et en la descripció d'amour mesme tournée du Poëte Marulle, qui dit ainsi:

I

A. Qui est l'enfant? B. C'est le fils de Venus.
A. Pourquoy a-il de flesches pleine trousse?
B. Prompt à blesser autant gros que menus,
   Souuët sans cause aigrement se courrouce.
A. Il mõtre à nu sa chair blõdette et rousse.
   Pourquoy cela? B. L'enfant simple, Indiscret,
Ne veult auoir couuerture ne housse.
A. D'où vient qu'il est enfant?
B. Le vieil discret
   Et meur, il rend épris de feu secret.
   En luy faisant d'enfant la forme prendre.
A. Qui luy a mis ailes au dos megret?
B. Legereté, dont il se fait reprendre.
A. Il est sans front. B. Amy, tu dois entēdre
   Qu'il fuit le signe ennemy de ses loix.
A. Quel maleur donq l'a peu aueuglé rēdre?
B. Demesurée ardeur. A. Mais tu le voix
   Depuis le chef iusques au bout des doigs
   Megre & chetif: qui fait cela?
B. La veille,
Le dueil, le soin, les lamentables voix,
Et les soucys qu'entour soy il acceille.
A. Qui va deuant l'aueugle?
B. Qui? Vermeille
   Ebrieté, sommeil decoloré,
   Oisif repos, somptueuse merueille.
A. Qui l'accompagne?
B. Haine, dueil eploré,
                       Noise,

Noise, discord. Mars pour dieu adoré,
Inimitié, ialousie & enuie.
A. Et donq qui l'a du hault ciel honoré?
B. Les folz humains.
A. Pourquoy?
B. Pour à leur vie
Salle impudique, à ordure asseruie
Donner couleur de ceste Deité,
Si que semblast moindre leur vilainie
Les contraignant diuine autorité.
A. Ha, cœurs peruers ignorans verité,
Tant estes loin de droit & de iustice,
Quand commettans double meschanceté,
D'autre peché palliez votre vice.

Les carmes de dix syllabes y sont plus communs: rien n'empesche toutefois d'en vser d'autres, tout ainsi que la ryme Italienne dite Tierce, y est plus souuent vsurpée: ny a pourtant inconuenient d'y en accommoder d'autre à ton arbitre.

De l'Enigme.
CHAP. XI.

ET pource que l'Enigme n'est autre chose, qu'vne descriptiõ, ne sera que bõ de t'en depescher tout d'vn train. Enten donq que l'Enigme est allegorie obscure, vice d'oraison appellé en Quintilian, a à cause de son obscurité. Et à la verité l'Enigme, soit escrit en prose ou vers, soit caché dessouz peinture, semble inutile & superflu. Car si on n'y veult estre entendu, il demeure du tout inutile : & si on y veult estre entendu, n'est grand vice son obscurité? Aujourd'huy ce nonobstant il est fort receu: & est son suiet toute chose particuliere & singuliere, qui se peult descrire, comme les dés, l'œil, la chandelle, la balle, & semblables. Sa forme est vne perpetuelle description, telle que du Blason, fors qu'elle est plus obscure, & recerchée de plus loin Car en l'enigme on ne touche pas seulement les qualités & proprietés de la chose : mais aussi son origine, son vsage, sa puissance, & ses effets. Les plus cours sont les plus elegans: & la vertu de l'enigme est l'obscurité tãt dilucide, que le bon esprit la puisse eclarcir apres s'y estre quelque peu appliqué : & le vice est de faire telle description, qu'elle se puisse adapter à plus d'vne chose. Marot n'en a point escrit, pource à l'auenture qu'il l'a negligé, ou ne s'en est point auisé. Pourtant ne te renuoye-ie à ses œuures pour en auoir patron, mais aux autres Poëtes de ce temps, qui s'y sont estudiés. La ryme plate y est tousiours receuë pour meilleure:

& le

a Quintil. liu.8.chap. dernier.

Vertu de l'enigme.

& le carme de dix syllabes admis pour le plus conuenable à la graue obscurité de l'enigme, comme tu verras en cestuy:

Trois compagnons de balle bien en ordre,
Et tant polis qu'il n'y a que remordre,
Mieux vsitez aux perilz & hazars
Que trois Hectors, ou bien que trois Cesars,
Doiuent en bref (ainsi comme lon dit)
Estre auancez, voire en si grand credit,
Que plusieurs gens de legere creance
Mettront en eux leur foy & esperance,
Se promettans (moiennans leurs adresses,)
Ou grans maleurs, ou certaines richesses:
Par ce qu'ilz ont ceste noble vertu,
Qu'aucun d'entre eux ne fut onq abbatu,
Et ne sera d'homme qui l'importune,
Tant sont douez de Prudence & Fortune:
Et ont eux trois autant de force encores
Qu'il y en a en soissante trois Mores.
  O qu'ils auront autour d'eux de flateurs,
Qui les tiendront comme Legislateurs,
Et les croiront, mesme sans mot sonner
Mieux que plusieurs par beaucoup raisonner.
  Ie ne say pas s'ils sont freres germains,
Mais à les voir au mylieu des humains
Ils sont trop mieux l'vn l'autre resemblans
Que trois Pigeons ou trois Papillons blancs,
Et si sont tous d'vne hauteur, ce semble:

I 3   Ilz

Ilz ne vōt point qu'ils ne marchēt ensemble:
Et quelquefois ne se treuuent que deux,
Mais ces deux la ne sont moins hazardeux,
Que si le tiers estoit en la presence.
Ie ne diray meshuy ce que i'en pense,
Pource qu'aussy de bref tout se saura:
Mais pour le moins sachez qu'il y aura
Entre ceux la qui suiuront leurs contens
Peu de ioyeux, & plusieurs mal contens.

De la Deploration, & Complainte.

CHAP. XII.

Complaintes & deplorations sembleroient estre comprises souz l'elegie, qui ne les sonderoit au vif. Car l'elegie proprement veult dire complainte. Mais les vsages & differentes sortes d'icelles me contraignent t'en faire traité particulier:& t'auiser au reste, que tu trouueras chés Marot & autres clers Poëtes des complaintes & deploratiōs: les vnes faites en forme d'epitaphes, comme la pluspart des epitaphes, qui se font auiourd'huy: les autres en forme d'elegie, cōme celle de Marot sur la mort de Samblançay. Autres en forme d'eclogue comme celle de Marot sur la mort de feuë Madame la Regente. Autres en forme de couplets distingués par huittains ou dizains, comme celle du dit sur la mort du feu Baron de Maleuille. Autres deduites en plus long discours, comme celles de Marot sur la mort de Robertet: de Heroet, au nom d'vne dame surprise nouuellemét d'Amour De de Bése, au nom d'vne Dame regretant l'acerbe mort de feu Monseigneur d'Orleans, & maintes autres, que liras telles lisant les Poëtes. Pource entre tant d'especes & formes diuerses, te reste seulement à choisir celle, que tu verras plus propre à la matiere deplorable: qui est le plussouuent mort facheuse & importune: par fois amoureuse desfortune, c'est à dire desplaisir ou dommage receu de l'Amour. Mais quoy que tu plaignes, la ryme plate te semblera plus propre: & le vers de dix syllabes plus aigre & poignant.

Matiere de cõplainte.

Du Lay & Virelay.

CHAP. XIII.

IE te pensoie auoir touché toutes les differéces & especes des poëmes, quãd m'est souuenu du Lay & Virelay: lesquels, pour le peu d'vsage qu'ils ont auiourd'huy entre les Poëtes celebres, i'eusse aisément laissé à te declarer, si ie n'eusse crain faire tort à l'antiquité: laquelle de ses rudesses & aspretés nous ayant fait entrée aux polisseures, doit estre venerée de nous, comme nostre mere & maitresse.

Vsage de Lay & Virelay entre les Anciés. Or soient les anciens Poëtes du Lay & du Virelay, comme nous faisons aujourd'huy des Rondeaux & des Balades les entremeslans par leurs œuures pour gracieux ornemens d'iceux. Car la matiere en est toute telle, qu'on veult eslire : & sont seulement considerées en eux les diuerses assiettes des vers, & les symbolisations, qui y sont à obseruer. Le Lay, ou Arbre fourchu *Lay & Arbre fourchu vn.* (car ie les reçoy, & te les baille pour mesme chose) se fait en sorte, que les vns vers sont plus cours, que les autres, d'ou luy vient le nom d'Arbre fourchu: & se posent en symbole à la forme, que cest exemple pris de Maistre Alain Chartier te monstrera plus clerement, qu'autres preceptes:

Trop est chose auanturée
Prendre mort desnaturée,
Pour lors de peu de durée
Qui deschet :
Car louenge procurée
En tel mort défigurée,
Est de leger obscurée:

Et

Et eschet
Qu'en oubliance amuree
Enuie desmesuree,
Detraction coniuree
L'homme enchet:
Mais la bonté espuree
A la vie mesuree
De tout par regle iuree
Qui ne chet.

Ie ne t'ay donné cest exemple pour regle vniuerselle à obseruer en tous Lays: car en ce, que touche la croisure ou symbolisation des vers, elle est tout ainsy variée comme il plaist à son auteur, mesque auec analogie. Et est la mesme licence permise au nombre des vers: Car depuis douze iusques à trentesix n'y a rien de limité: ains demeure au chois du Poëte d'en mettre ou plus ou moins auec deuë proportion. Le nombre des couplets est aussy en l'arbitre du Poëte: mais s'il excede deux Lisieres en chaque couplet, il se reculera de la perfection du Lay d'autant qu'il en mettra dauantage. Et se fait le Lay plus communément & mieux de vers petis, c'est à dire au dessouz de huit syllabes. Lisiere, est appellée la terminaison du Carme.

Le virelay a mesme licence, qu'a le Lay Virelay.

en la

en la variation de la croisure des vers, nombre d'iceux & des couplets; & reçoit de mesme grace deux lisieres & non plus en chaque couplet. Toute la difference que i'y treuue, est vne, qui est que le Virelay n'a point de branches plus courtes vnes, qu'autres: & encor qu'il se face de petis vers comme le Lay, ils sont toutefois tous de mesme longueur, & de mesme nombre de syllabes: comme tu peux voir en cest exemple pris de Maistre Alain:

Qui pourroit descrire
N'à conter suffire
Tout ce qui desire
Et à meschef tire
Notre humanité?
Courroux nous martyre,
Faueur, haing, ou ire
Naisent à elire,
Penser, faire, ou dire
Ce qu'est verité:
Infelicité
Et aduersité
Sans autorité
Font la probité
Des gens de bien pire:
Et necessité
En mendicité

*Met fragilité
En prolixité.
D'ou le sens empire.*

Mais enten sainement ce que ie t'ay dit, que tous les vers au Virelay sont de mesme mesure : Car encor que tu trouues en cest exemple les vns vers de cinq, les autres de six syllabes : ne les pense pas pourtant plus cours ou plus longs:mais te souuienne de ce que ie t'ay enseigné au premier liure, a que la syllabe feminine tombant en fin de metre, n'est pour rien contée. Au demourant vse du Lay & du Virelay quand l'enuie t'en prendra, & ainsy que tu verras expedient. Si me semble-il, qu'en Tragedies ou traités de choses autrement tristes, ils seront trop mieux seans. Car à vray dire, les petis vers Trochaïques, que tu lys aux Tragedies Greques & Latines, sont le patron, auquel les anciens ont formé le Lay & Virelay : auxquels au moins, s'ils en sont oubliés, nous les pouuons former proprement.

a Chap. 5. & 6.

De la version.

CHAP. XIIII.

SI ie ne t'ay iusques icy specifié toutes les differentes sortes de Poëmes, si t'en ay-ie ay. ie declaré la pluspart, & du premier & plus frequent vsage. Ie say bien, que tu en trouueras encor quelques vns autres que ceux cy : & n'ignore pas que le temps soit assez puissant pour en descouurir tous les iours de nouueaux : Mais tu entens bien aussy, Lecteur, que comme il est aisé d'ajouter aux choses trouuées, ainsy te sera il facile, ou d'en innouer de toy mesmes, ou imiter les innouez par autres, au moyen de la cognoissance de ceux cy. Pource seray ie content, & te supplieray aussy de l'estre, du peu que ie t'en ay declaré, mesque ie t'aye encor breuement auisé, que des Poëmes, qui tombent souz l'appellation de Grand œuure, comme sont : en Homere, l'Iliade : en Vergile, l'Eneide : en Ouide, la Metamorphose, tu trouueras peu ou point entrepris ou mis à fin par les Poëtes de notre temps. Pource si tu desires exemple, te faudra recourir au Romāt de la Rose, qui est vn des plus grans œuures que nous lisons auiourd'huy en notre Poësie Françoise. Si tu n'aimes mieux, s'il t'auient d'entreprendre, te former au miroir d'Homere & Virgile, comme ie seroye bien d'auis, si tu m'en demandois conseil. Et croy que ceste defaillance d'œuures grans & Heroïques part de faute de matiere : ou de ce, que

Grand' œuure.

que chacun des Poëtes famés & sauans, aime mieux en traduisant suiure la trace approuuée de tant d'eages & de bons espris, qu'en entreprenāt œuure de son inuentiō, ouurir chemin aux voleurs de l'honneur deu à tout labeur vertueux. Pourtant t'a- *Traductiō.* uerty-ie que la Version ou Traduction est auiourd'huy le Poëme plus frequent & mieux receu des estimés Poëtes & des doctes lecteurs, à cause que chacun d'eux esti me grand œuure & de grand pris, rendre la pure & argentine inuention des Poëtes, dorée & enrichie de notre lāgue. Et vraye ment celuy, & son œuure meritent grande louenge, qui a peu proprement & naïue ment exprimer en son langage, ce qu'vn au tre auoit mieux escrit au sien, apres l'auoir bien conceu en son esprit. Et luy est deuë la mesme gloire qu'emporte celuy qui par son labeur & longue peine tire des entrailles de la terre le thresor caché, pour le faire commun à l'vsage de tous les hom mes. Glorieux donq est le labeur de tant de gens de bien, qui tous les iours s'y emploient. hōnorable aussy sera le tien, quand t'auiendra de l'entreprēdre. Mais garde & *Vertu de* regarde que tu ayes autāt parfaite cognois *version.* sance de l'idiome de l'auteur que tu entreprendras tourner, comme de celuy auquel
tu de

tu delibereras le traduire. Car l'vn des deux defauts ou tous les deux ensemble, rendroient ta version egale en mauuaise grace à la sottie de celuy, qui pour plaire aux Dames entreprend le bal, & est boiteux d'vne iambe, ou cloche de toutes les deux. Ainsi receuras tu pour recompense de ton labeur tout tel salaire comme luy, grand ris, & pleine moquerie. Pour fuyr ce danger, ne iure tant superstitieusement aux mots de ton auteur, que iceux delaissés, pour retenir la sentéce, tu ne serues de plus pres à la phrase & proprieté de ta langue, qu'à la diction de l'estrangere. La dignité toutefois de l'auteur & l'enargie de son oraison tant curieusement exprimée, que puis qu'il n'est possible de representer son mesme visage, autant en montre ton œuure, qu'en representeroit le miroir. Mais puisque la version n'est rien, qu'vne imitation, t'y puy ie mieux introduire qu'auec imitation? Imite donq Marot en sa Metamorphose, en son Musée, en ses Psalmes: Salel, en son Iliade: Heroët, en son Androgyne: Des masures, en son Eneide: Peletier en son Odysee & Georgique: Imite tant de diuins espris, qui suiuans la trace d'autruy, font le chemin plus doux à suiure, & sont eux mesmes suiuis.

Des

Des vers non rymez, de quelques figures & enrichissemens tombans en la ryme, & au vers, dont la ryme mesme prend denomination.

CHAP. XV.

IE sort quasi hors de propos, te venant maintenant adiouter enseignemens appertenans non au fait & difference des Poëmes, ains aux Carmes, & à la ryme. Mais ie croy que tu ne trouueras point mauuais, que pour bonne bouche ie te mette en ce dernier chapitre les sucrées douceurs, & miellées confitures, desqueles le Poëme, le vers & la ryme sont par fois afriandis. Puis tu me sauras bon gré, qu'en si grande breueté ie n'omette rien, qui puisse faire à ton instruction.

Note donq, que tu trouueras des vers mesurez autrement du nombre de leurs syllabes, mais sans parité de son, en leurs fins sans ryme. Qui est chose autāt estrāge en nostre Poësie Prançoise, cóme seroit en la Greque & Latine lire des vers sans obseruation de syllabes longues & breues, c'est à dire, sans la quantité des temps, qui soutiénnent la modulation & musique du carme en ces deux langues, tout ainsi, que

Vers non rymez.

fait

fait en la notre, la ryme. Peu de Poëtes François liras tu, qui ayent osé faire vers sans ryme:toutefois, à fin que tu ne me penses parler par cœur, tu liras aux œuures de Bonauenture des Periers, la Satyre d'Horace qui commence:

Qui fit, Mecænas, vt nemo quam sibi sortem &c.

tournée en vers de huit syllabes non rymez: lesquels sont imprimez en forme de prose sans lineale distinction des vers, quasi comme non meritans le nom de Carmes.

Petrarque deuant luy en auoit fait, com-
Sestinee de me tu pourras voir aux sizains des neuf Se-
Petrarque. stines de sa premiere & seconde partie: mais auec autre analogie. Car, si tu y auises, les derniers mots de chaque vers repetez proportionnement au long des dizains donnét modulation telle, quelle peut aisément supplir la ryme defaillante au sizain. Si tu veux faire des vers non rymez, & t'aider de l'exemple de Petrarque, fay les en Sestines, comme luy. Car l'autorité de Bonauenture des Periers seroit basse pour faire trouuer hors Sestine bons ces vers, qui sans ryme demeurent autant froids, comme vn corps sans sang, & sans ame.

Ce

Ce dont ie te veux encor auiser presentement, est, que les anciens Poëtes, & les ieunes aussy, ont donné certains noms à la ryme, exprimans quelques figures & enrichissemens qu'ilz y ont trouuez doux & gracieux: lesquels ie m'en vay te declarer les vns apres les autres, pour ta plus facile instruction.

Kyrielle a esté appellée la ryme, en laquelle en fin de chaque couplet vn mesme vers est tousiours repeté: qu'ils ont appellé Refrain, és Balades & Chans royaux, & l'ont icy nommé Palinod, c'est à dire Rechanté. Et est ce nom de Palinod bien seant en ceste Kyrielle, laquelle se commet le plus souuent en Chans Lyriques ou Odes, ou ce Palinod est plusieurs fois rechanté: comme est le vers,

Amy ie ne veux plus aimer.

en l'Ode de Saingelais, qui commence,

Puis que nouuelle affection,
&c.

comme est le carme

Vueillez en auoir mercy,

en l'Ode qui commence,

K Puye

Puis que viure en seruitute
Ie deuoy triste & dolent.

Et du Palinod tu entens aisément pourquoy elle est appellée Kyrielle.

Cōcatenée. Concatenée est nommée la ryme en laquelle les couplets se suiuans sont concatenés, en sorte, que le suiuant se commence par le dernier vers du precedent. De ceste concatenée a vsé Marot en vne complainte imprimée entre ses œuures commençant:

O que ie sen mon cœur plein de regret, &c.

Annexée. Annexée est dite la ryme, en laquelle les vers sont annexez, en sorte que la derniere syllabe du precedent commence tousiours le suiuant : ou les mots finissans & commençans les vers sont telz qu'appellent les Latins, *Coniugata*, c'est à dire de-
Cōiugata. scendans d'vne mesme racine. De ceste a vsé Marot en vne chanson commençant:

Plaisir n'ay plus, mais suy en desconfort :
Fortune m'a remis en grand' douleur :
L'heur, que i'auoye, est tourné en malheur,
Malheureux est qui n'a aucun confort.

Fort

Fort suy dolent, & regret me remort,
Mort m'a osté Madame de valeur.
L'heur que i'auoys, est tourné en malheur,
Malheureux est qui n'a aucun confort.

Valoir ne puy en ce monde suy mort,
Mort s'est m'amour, dôt suy en grãd lãgueur.
Langoreux suy, plein d'amere liqueur,
Le cœur me part pour sa dolente mort.

Et en vne autre chanson suiuant ceste là
pres, au premier couplet disant ainsy:

Dieu gard ma maistresse & regente
Gente de corps & de façon,
Son cœur tient le mien en sa tente,
Tant & plus d'vn ardent frisson.
S'on m'oyt pousser sur ma chanson
Son de voix ou harpes doussettes,
C'est espoir qui sans marrisson
Songer me fait en Amourettes.

Fratrisée, est nommée celle, en laquelle Fratrisée.
les vers fraternisent de telle maniere, que
le dernier mot du Carme precedent est re
peté entier au commencement du metre
suiuant, soit en equiuoque, ou autrement.
De ceste a vsé Marot en l'epigramme dres
sant à Charon.

Metz voiles au vent, single vers nous charõ:
Car on t'attend, & quand seras en tente,
Tant & plus boy bonum vinum charum
Qu'aurõs pourrray. dõques sans lõgue attẽte
Tente tes pieds à si decẽte sente,
Sans te facher:mais en soys content, tant
Qu'en ce faisant nous le soions autant.

Inchainée. Enchainée est celle, où les vers sont enchaineés par gradation. de ceste a vsé Marot au dernier couplet d'vne chanson susdite, disant ainsi:

Dieu des Amans, de mort me garde,
Me gardant, donne moy bon heur:
En le me donnant, pren ta darde,
En la prenant, naure son cœur:
En le naurant, me tiendras seur,
En seureté suiuray l'acointance:
En l'açointant ton seruiteur,
En seruant aura iouissance.

Sensée. Sensée, est celle ; en laquelle en tous les vers du couplet, ou tous les mots des vers commencent d'vne mesme lettre. De ceste a vsé Marot aux deux premiers vers du dernier couplet de ce Rondeau:

Pour bien louer & pour estre loué,
De tout esprit tu dois estre alloé,

Fors

Fors que du mien, car tu me plus que loües:
Mais en louant plus hauts termes alloües,
Que la saint Iean, ou Pasques, ou Noê.

Qui noue mieux, respon, ou C, ou E?
I'ay iusqu'icy en eau basse noué:
Mais dedans l'eau Caballine tu noues
 Pour bien louër.

C, est Clement contre chagrin cloué:
E, est Estienne esueillé, enioué:
C'est toy qui mains de los tresample doüés:
Mais endroit moy tu fais cines les Oues,
Quoy que de los doiues estre doüé
 Par bien louër.

Et ailleurs en ses œuures tu trouueras
souuent des vers de ceste sorte.

Couronnée, est nommée la ryme, en la-   Courōnée.
quelle ou l'vne seule, ou la deux ou troys
dernieres syllabes du carme faisans mots
ont esté aussy dernieres de les diction les
precedent. de ceste a vsé Marot ant second
couplet de la chanson susdite disant:

La blanche colombe belle,
Souuent ie vay priant criant:
Mais dessouz la cordelle d'elle
Meiette vn œil friant riant,

En me consommant & sommant
A douleur, qui ma face efface :
Dont suy le reclamant Amant,
Qui pour l'outrepasse trespasse.

Emperiere. Emperiere, est espece de courônée : & est dite emperiere, pource qu'elle a triple courône : Ceste ne se fait, que d'vne syllabe repetée deux foys simple apres le mot qu'elle couronne. De ceste n'a point vsé Marot, ne les celebres poëtes de ce temps : pour ce suy-ie contraint de t'en donner vieil, & i'ay peur que lourd exemple.

En grand remord, mort mord
Ceux qui parfais, fais, fais
Ont par effort, fort, fort
De clers & frais, rais, rés.

Courônée annexée. Moins voudroie-ie vser d'elle, que d'vne autre couronnée annexée : en laquelle la couronne n'est pas syllabe ou simple, ou double repetée entierement : ains la couronne & le chef sont seulement dictions coniuguées, & annexées, c'est à dire, descendantes d'vne mesme source, comme disant,

Les Princes sont aux grãs cours courônez,
Côtes, Ducz, Roys par leur droit nom nõmez.

Leurs

Leurs logis sont en bon ordre ordonnez,
Et du hautain leur renom renommez, &c.

Echo est aussy vne espece de couronnée: Echo, mais en ceste cy la couronne est hors de sa mesure & composition du vers: autrement repetant ou vne ou plusieurs syllabes mesmes de son, en ou sans equiuoque: comme en cest epigramme:

Respon Echo, & bien que tu sois femme,
Dy verité: Qui feit mordre la fame?
Qui est la chose au monde plus infame?
Qui plus engendre à l'homme de diffame?
Qui plus tost homs & maison riche affame? Femme.
Qui feit Amour grand Dieu & grand blaspheme?
Qui gripe biens, agraphe corps, griffe ame?

La vertu de ceste & de toutes autres couronnées est, que la couronne ne soit point tirée par les cheueux: mais tant fluidement coherente, que l'oreille n'y soit en rien offensée.

Batelée, s'apelle la ryme laquelle aux Batelée. vers de dix syllabes reglemēt en la couppe ou Semistiche est rymée la mesme ryme du vers precedent. De ceste Marot a vsé en vne Balade, que ie t'ay donnée pour exem-
K 4 ple,

ple, & escoute tout au long au chapitre de la Balade commençant:

Quand Neptunus puissant Dieu de la mer,
Cessa d'armer Carraques & gallées, &c.

Ou tu ne trouueras bateleure qu'au second & quatrieme vers de chaque couplet. Aussi n'est elle auiourd'huy gueres vsitée hors les Balades & chans Royaux & ne rencôtreras bateleure en tous les vers, fors chéz les vieux Poëtes, qui ont esté auteurs & aucteurs de la bateleure: laquelle ie crain que depuis vsurpée des Bateleurs, en ayt retenu le nom.

Retrograde. Retrograde est aussi de la vieille mode, & peu vsitée auiourd'huy entre ceux qui ont le né mouché. Elle s'appelle Retrograde, à cause qu'elle se peult lire à reculon, ou lettre pour lettre, ou syllabe pour syllabe, ou mot pour mot. Ie rëuoieray aux vieux eschiquiers pour en tirer exêples, pource qu'il me semble, que ie te feroie tort de t'en emplir papier. Car aussi tost auras-tu entendu de toy mesme la ryme retrograde, côme le *Rebus de Picardie.* Rebus de Picardie, & le côtrepetit de cour.
Contrepetit de cour.

Or me suffit, & te suffise de ce peu, que ie

je t'en ay dit:& pense au demourant qu'il n'y a figure, soit de sentence, soit de diction, vsurpée des Grecs & Latins, que notre langue Françoise ne reçoiue auec elegance. Mais i'ayme mieux que tu les apprenes des limés auteurs qui en out escrit, que de moy, ou autre mon semblable: qui en parlant apres eux n'en sauroit tant bien parler qu'eux. Puis la breueté, que ie me suy proposée dés le commencement de cest Epitome, m'enhorte de faire plus tost fin à l'œuure, que la prolixité inutile t'en puisse facher. Car i'ay leu & experimenté, que preceptes d'art que ce soit, sont lors doublement facheux, quant auec leur rudesse & crudité on assemble prolixité.

Excuse donq, Lecteur, la breueté estudiée en ta faueur: & si tu ne veux excuser ce, que au surplus verras ou entendras à reprendre, donne toy garde, qu'on ne te die ingrat, ne voulant donner la
main à celuy, qui auroit
chopé en courant
pour te garder
de tom-
ber.

F I N.

K 5 Quin

QVINTIL SVR
LE PREMIER LIVRE DE
la defense, & illustration de
la langue Françoise,
& la Suyte.

Vicõque ſois (I.D.B.A.) Dieu te ſaluë: & te doint, te garde, & accroiſſe ton bon eſprit.

Puis qu'il t'a pleu me communiquer par publique impreßion, vn tien œuure, duquel le tiltre eſt (ainſi que tu l'as eſcrit) La Defenſe, & illuſtration de la langue Françoiſe. Auec la ſuite, de l'Oliue, ſonetz, Anterotique, Odes, & Vers Lyriques. Ie t'en remercie.

Or attendu, que apres la fin de l'Epiſtre, tu me fais vne petite priere, de differer mon iugement iuſques à la fin de l'œuure: & ne le condamner, ſans auoir premieremẽt bien veu, & examiné tes raiſons. Sois certain, que ceſte requeſte m'a ſemblé eſtre tant ciuile: que ie euſſe eſté inciuil de le faire autrement. Et pourtant, apres l'auoir leu, & releu, & bien examiné les raiſons: ie ne l'ay pas condamné (ſuyuant ta defenſe) mais bien ay noté, & marqué aucuns pointz, qui me ſemblent dignes de correctiõ amiable, et modeſte, ſans au

cune villainie, iniure, et calunie, ne simple, ne
figurée. En quoy ie certes estime, q̃ nõ seulemẽt
ne seras offésé: mais aussi ni'ẽ sauras gré: pour
auoir acõply l'office q̃ tu loués, & à bõne raison, au chap. 11. du 2. liure de tõ œuure en Quin
til Horatiã. Duquel Quintil (q̃ tu effemines
en Quintilie) l'office est par Horace tel declare,
en ses vers au moins mal q̃ i'ay peu, en frãcois,
iouxte les latins, ainsi les trãslater et tourner

Nom ma-
sculin La-
tin, effemi-
né en fran-
çois.

Horace en
l'Art Poë-
tique.

  Si tu lisois quelque chose à Quintil
Cecy corrige, & cela (disoit il)
Si tu disois mieux faire ne pouuoir,
Et essayé deux, ou trois fois auoir:
Il commandoit effacer à la plume
Vers mal tournéz, & remettre à l'enclume.
Si mieux aimois defendre ton erreur
Que l'emender, & changer en meilleur
Plus pas vn mot: plus il ne prenoit peine
Peine perdue, & diligence vaine.
Mais permettoit, que sans enuie, ou rage
Aimasses seul & toy, & ton ouurage.
  L'homme de bien, & sage reprendra
Les vers sans art, & les durs confondra:
Vn signe noir rayera sur les vers
Mal acoustréz, plume mise au trauers.
Il trenchera les motz ambitieux
Les ornemens affectéz, vicieux:
Et aux obscurs fera donner lumiere
Redarguant par honneste maniere

Vij

Vn dict douteux, à deux sens ambigu.
Puis notera par iugement agu
Ce que faudra muer: y mettant marque.
Brief ce sera vn second Aristarque.
Et ne dira: Pourquoy offenseray-ie
Vn mien amy: & fascheux luy seray ie?
Pour telz fatras, & menue follie?
Oy! mais cela en la fin le fol lye
En le menant moqué, & mal receu
A malle honte, à escíens deceu.

Telz sont les vers d'Horace. Lesquelz ie n'ay pas traduitz (côme tu parles) car traducteur ne suis, & ne veux estre: mais les ay tournez, ou translatez, & toute l'Art Poëtique, y a plus de vingt ans, auãt Pelletier & tout autre. Toutefois non encore mis en lumiere, pour auoir esté anticipé. Lesquels vers t'ay icy apposez, reduz à peu pres mot à mot, et pur frãcois: tant pour mõstrer qu'il n'est si difficile à tourner les Poëtes en frãcois côme tu le fais impossible au 6. cha. du 1. liure, q aussi pour declarer l'office du Correcteur Quintil, lequel ie veux representer. Ie donq estant reuestu de la personne, & du nom d'iceluy Quintil propose faire l'acte d'iceluy en ton œuure, pour faire plaisir à toy, selon ta propre ordonnance, & à d'autres pour commune cognoissance. Or escoute donq patiemment, & entendz sans courroux, la correction de ton œuure.

Sur le Tiltre.
LA DEFENCE, ET ILLVSTRATION DE LA langue Françoise.

CE TILTRE EST de belle parade, magnifique promesse, & tresgrande attente: mais à le bien considerer, il est faulx, par la regle Aristotelique des mots rapportans l'vn à l'autre, que les Grecs disent τὰ πρός, les Latins Relata. Car il n'est point defense, sans accusation precedente. Or comme vn Lacon à vn Rheteur, luy presentant vne oraison des louanges d'Hercules, en les refusant respondit: Qui est ce (dit il) qui le blasme? Ainsi pouuons nous dire, Qui accuse, ou, Qui a accusée la langue Françoise? Nul certes: au moins par escrit. Et si tu dis que si par parolles: Ie respond que les parolles sont libres, & volantes: auquelles par semblables parolles fault contester, quand on se trouue au droit, & à propos. Mais à proces verbal ne fault defense par escrit.

Autrement cela est se faire Ré, par soy mesme, & cõfesser son default, qui est bien
loing

loing du secód tiltre, *Illustration*. Parquoy
danger y a que quelqu'vn ne te impofe le
furnom, que baille Barptolemy Scale Florentin, à l'Ange Politian l'appellât *Hercules
factitius*, Qui fe forge luy mefme des monstres faits tout à propos, tels qu'il les puiffe
aifément defaire, combien qu'ils ne foient,
& n'ayent efté iamais.

Quand au fecond tiltre de *Illustration*,
il ne me defplait pas, mais que felon le portal foit le pourpris, & felon le tiltre l'œuure, c'eft à fauoir donnât luftre, & clarté à la
langue, ce que fi ainfi eft, fe verra cy apres.

Ie paffe cela que tu efcris *Defenfe*, par
double f f, & vn.c. à la maniere des Pra-
cticiens, que tu appelles deprauateurs d'orthographe, au chapitre 7. du 2. & non *Defenfe*, par fimple f. & s. felon fa vraye origine. Car la paradoxe Orthographie (qu'ils
appellent Orthographe)

De quatre, cinq, fix, fept, huit, neuf,
Qui font vn langage tout neuf.

eft tant vaine, & incertaine: que le proces
en eft encore pendât: les vns fuyuans la raifon, les autres l'vfage, les autres l'abus: autres leur opinion, & volonté. Et toutefois
non

non constans & de mesme teneur, mais dissemblables entre eux, voire à eux mesmes, comme toy en ton œuure: qui vsant de ryme, comme de Metheline regle de plomb: ores escris Fonteine, pour rymer contre peine, & ores Fontaine, contre certaine, rient contre orient, puis riant contre friant, plaisent contre present, & puis plaisant, contre faisant. Violent, & Violant: degoutens, pour rymer contre m'attens.

Item omettant les lettres ou il les fault necessairement, côme etincelles pour estincelles, & les mettât ou elles sont superflues, comme esle, pour aile, ou ale, pasle pour pale, fist pour feit. Quelquefois les changeant au côtraire, en escriuant, Quand de Quantum par d. Quant de quando par t. & dont pour d'ond de Vnde, les redoublans, ou les syllabes sont breues comme immiter pour imiter, estommac, pour estomac, congneuz pour cogneuz, & les mettant simples ou el sont longues, côme Rome, nourice, dificile, clore, pour Rôme, nourrice, difficile, clorre: & infiniz autres. Mais tu pourras dire, que ce n'est ta faute, ains celle de l'imprimeur

Qui escris moins que bien faits,
Porte des asnes tout le faix.

Neant

Neantmoins que de ce faiz, les Imprimeurs s'en sauent tresbien descharger, par montre des copies. Ioint aussi que les lettres versales. B.C.F.G.I.L.M.N.O.P.R.S.V. mises quasi par tout en la premiere impression, par tout és noms communs, & appellatifz tesmoignent assez auoir esté suyuie l'originale copie escrite à la main, ou communément se font ces lettres à grans traits. Et les faultes venantes de l'impression se cognoissent facilement. Mais de l'orthographe, en autre lieu sera plus amplement disputé. Or vela comment au premier port tu as faict bris.

Par. I. D. B. A.

A Quel propos ces quatre lettres? C'est (diras tu) mon Nom, mon Surnom, & Païs, mis en lettres antiques abregées, desquelles a escrit Valere Probe. Et ce à la maniere des anciens, desquels ie suis admirateur. Or bien soit: mais aussi à l'imitation des anciens, tu deuois mettre le surnom gentil de ta lignée, tout au long sans rien requerir: sans cuider bailler à resuer, à ceux qui n'ont point le cerueau vuide, & qui te diront (ce qu'on feit à Vergile, sur son Oximore) qu'ils n'ont que faire de curieusement

ment s'en enquerir. Parquoy, pour estre
cogneu, tu deuois escrire au long ton surnom, attendu mesmement, qu'il est honneste, & bien noble (comme ie croy) car il
y a vn, D. Ou autrement si tu ne voulois par
ton surnom estre cognu, ne failloit que laisser le beau papier tout blanc. Mais i'enten
bien: tu veux faire comme la Blanchedame
Vergiliane: qui aiant ietté la pomme, s'en
fuit cacher derriere les saulx : mais toutefois veult bien premierement estre veuë, &
cogneuë. Pource suis ie d'aduis que tu l'e-
scriues au long : afin que quelque lordault
ne interprete ces quatre lettres. I, D. B. A. en
quelques autres noms sotz, & ridicules, tels
que ie ne veux pas dire : ainsi que feirent
Scaure, Rutil, & Cauin Romains, ces quatre lettres. A. F. P. R. Et le venerable Beda
La marque des Romains. S. P. Q. R. Stultus,
Populus, Quærit, Romam. Combien qu'il
sceust icelles signifier, *Senatus Populúsq;
Romanus*. Ou comme celuy, qui les quatre
lettres de lescripteau de Pilate sur la croix,
I. N. R. I. interpreta, *Ie n'y retourneray iamais*. Sinon que par auenture tu pretendes
à te rendre esmerueillable par imitation du
nom ineffable, qui est de quatre lettres, &
pource dit τετραγράμματον. Ou bien fault
dire (ce qui est le plus vray semblable) que
tu ne

tu te contentes, ton surnom estre declaré
expressement par les deux tresdoctes, &
bien faitz epigrammes Grec & Latin de
ton amy Dorat. Mais cela ne doit suffire:
Car tous les lecteurs François ne sont pas
Grecs, & Latins. Iaçoit qu'ils en y a plus
grand, & meilleur nombre: que tu ne mon
stes les estimer au chapitre sizieme du pre
mier liure de ton œuure : en les iniuriant
assez intemperamment de l'iniure atroce
de traditeurs.

*Sur l'Epistre à Monseigneur le Reueren-
dissime Cardinal du Bellay.*

CEste Epistre adrecée à vn si grand
& si docte Seigneur, semble à vn
petit personnage nain, qui pour attaindre
hault, monte sur eschaces. Car incontinent dés le commencement abrupt, sans
faire quelconque douce entrée, commune
de propres parolles, tu la veux faire apparoir grande, par figure allegorique.
Laquelle toutefois est si impropre, &
mal semblable (grand vice de translation) à la chose souz icelle entendue : &
autrepart si inconsequente, & mal pour-
suyuie que rien plus. Car quelle semblance est, d'vn Cardinal à vn Rost iougleur

L 2   d'vne

d'vne ambaſſade ou legation Royale, à vne Comedie? d'vn affaire ſerieux, à vn ieu? Et quelle conſequence, ou pourſuyte, de commencer tranſlation, par vn Theatre, moyenner par vn ſouſtien, & finir par vn Sainctuaire, ou reliquaire? mettre en auant vn Iongleur, puis en faire vn Portefaix? & finalement vn Sacriſte, ou corps ſaint? C'eſt mal continué & conduit ta Metaphore, & Allegorie : eſquelles figures (comme les plus belles) tu te plais par tout, & par trop, meſmement en proſe. Car des choſes belles l'vſage doit eſtre autant rare, que propre. Et l'oraiſon ſolue ne reçoit affectation de tant de figures, principalement en genre doctrinal, iouxte ce, vers:

La choſe ne veult eſtre ornée,
Mais qu'a entendre ſoit donnée.

Ie ne veux reprendre en ceſt endroit (ce que neantmoins tu defens aux autres de faire) tout le commencement de ceſte epiſtre eſtre emprunté, & tranſlaté de Horace, ne ton œuure quaſi total eſtre rapiecé & repetacé d'iceluy decouſu de ſon ordre. Car telles vſurpations bien appropriées en leur lieu ſont tresbonnes, & louables. Mais il me deſplaiſt que au ſizieme chapitre du
premier

premier tu defens aux autres, par auenture non moins entendans les langues que toy, la translation des Poëtes: laquelle te permettant, ou tu attribues à toy plus que aux autres: ou tu es iuge inique.

Patrie.

Qvi a Païs, n'a que faire de Patrie. Duquel nom Païs, venu de fontaine Greque, tous les anciens poëtes, & orateurs François en ceste signifiance sont vsé, & toy mesme aussi au quatrieme chapitre du premier. Mais le nom de Patrie est obliquement entré & venu en France nouuellement: les autres corruptions Italiques, duquel mot n'ont voulu vser les anciens, craignans l'escorcherie du Latin, & se contentans du leur propre, & bon.

Pindare, Latin.

SVperfluë transnomination: là ou plus clairement tu pouuois dire Horace. Mais par tout tu es affecté en periphrases, ce que ne conuient pas bien à la prose didascalique.

Le primtemps d'iceluy.

TV vsurpes le tiltre du primtemps : lequel en vn autre Poëte François tu reiettes, & desires secter au chapitre XI. du 1.

Sur le premier chapitre du premier liure.

L'origine des langues.

PAr le tiltre de ce premier chapitre, tu sembles promettre de toy vn Varron François. Mais (comme dit Horace)

Qu'apportera de chose bien loüée
Ce prometteur de si tre grand' huée,
Les mons enflez d'enfanter prestz seront:
Vn rat naistra d'ond plusieurs gens riront.

Car de si grande chose promise comme est l'Origine des Langues, le chapitre n'en traite rien sinon chose vulgaire, & commune telle que vn rustic en diroit bien autant. C'est que les langues sont toutes de la fantasie (lequel mot fantasie tu prens improprement pour volonté) des hommes. Aussi aysé, & veritable eust il esté de dire qu'elles
sont

sont de Nature, & de Dieu, combien que differentes, comme dire, que les hommes sont tous d'Adã: soit que de diuers païs, nations, villes, lignées, & familles. Mais qui tel tiltre osoit promettre, & de si grande attente, comme l'origine des langues, les deuoit bien par le menu deduyre, & suyure les ruysseaux pour trouuer la fontaine, ou pour le moins etymologiser, comme Varron Latin, & Isidore Grec.

De sourcil plus que Stoïque.

Sourcil, pour grauité, ou arrogance, bon en Latin, non en François, & ce que icy tu reprens sur le 2. chapitre du second liure chap. 2.

Entendu aussi, que ton œuure est de gente doctrinale, & principalement iustice pour enseigner. Si est ce, que ie n'y voy aucune methode didascalique, ne les lieux dicelle gardez, comme vn certain theme, simple ou composé, Definition, Diuision, ou Partition, Causes, Effectz, Affins, Contraires, ains me semble vne commentation de diuerses pieces, assemblées sans ordre, & point ne se suyuantes. En passant de
l'ori

l'origine des langues à la Barbarie, & à la declaration du nom de Barbarie, & du nom aux peuples & puys du peuple aux noms. Et apres auoir proposé de la langue, ratiocines des mœurs, & coutume, ou gestes, & de sermocinal deuenir moral, & historial. Ou il failloit raisonner selon le tiltre prefix sur la declaration etymologique de Strabon au quatorzieme liure de ce mot barbare, & que c'est: puys poser nostre langue, parolle & prononciation n'estre point telle, pource la concluant n'estre barbare. Non pas aller extrauaguer en la ciuilité des mœurs, loix, equité, magnanimité des courages françois, & commemoration de leurs gestes. Desquelles choses n'est icy question : & ne sont rien à la langue estre dite barbare, ou non barbare. Mais bien au peuple. Et puys finalement de ces choses impertinentes tu conclus inconsequemment en la langue, n'estre barbare. Brief, pour le reduyre en forme syllogistique, tu ratiocines ainsi:

Barbare est, qui prononce mal la langue, ou Latine, ou la sienne propre.

Or les François ont esté, & sont autant ciuils en mœurs & loix, courageux en faitz & gestes, que les Grecs & Rommains. Donq.

Donq.

La langue Françoise n'est poin Barbare. Vela ton syllogisme en Friseromorum, ou tu ne te es pas auisé, que en bon & vray syllogisme en moyen, forme, & figure doit estre és propositions gardé en mesme significance le terme, que les Dialecticiens, appellent Medium, qui moyenne la consequence de la conclusion aux premises. Et non seulement en cest endroit: mais en plusieurs autres tu es ainsi inconsequent, les chapitres propos ne dependant l'vn de l'autre, mais ainsi mis comme ils venoient de la pensée en la plume, & de la plume au papier: tellement que tout l'œuure est sans propos & certaine consistence, sans theme proposé & certain, sans ordre methodique, sans œconomie, sans but final auisé, sans continuelle poursuyte, & sans consequence tant en l'œuure vniuersel, que en chacune partie & chapitre d'iceluy, & argumens des chapitres. Parquoy en cest endroit cecy te sera dit vne fois pour toutes. Ce que toy mesme en lisant ton œuure, & le recognoissant diras ou entendras estre vray: sinon que de toy mesme tu sois trop amy admirateur.

Sur le 3. chap.

On le doit attribuer à l'ignorance de noz maieurs.

TV accuses à grand tort, & tresingratement l'ignorance de noz maieurs, que au 9. chapitre moins rudement tu appelles, simplicité, lesquels noz maieurs certes n'ont esté né simples, ne ignorans, ny des choses, ny des parolles. Guillame, de Lauris, Iean de Meung, Guillaume Alexis, le bon moine de L'yre, Messire, Nicole, Oreme, Alain, Chartier, Villon, Meschinot, & plusieurs autres n'ont point moins bien escrit, ne de moindres, & pires choses, en la langue de leur temps propre & entiere non peregrine, & pour l'ors de bon aloy, & bonne mise, que nous à present en la nostre.

Ces nombres, & ceste lyaison, que par artifice toute langue a acoustumé de produire.

CEla est impropre, & faux : Car tout ainsi que la terre d'vn vergier (afin que ie suyue ta metaphore) ne produit pas le nôbre des plantes, ne l'ordre quincunçial des arbres, ny la lyaison des entes, & treilles,

les, ains toutes ces choses le trauail de l'hortulan les y adiouste & adrcée: ainsi la langue ne produit d'elle mesme, ne les nombres ne les lyaisons, qui ne sont rien à la richesse & abondance de la langue, sinon à l'ornement, & sonorité. Ains est l'Orateur qui ainsi bien les sçet adrécer, ordonner, & conioindre.

D'auātage ces nombres & lyaisons d'ond tu fais tant de mine & mystere, pour les cuyder par auenture auoir apprins & entenduz par la lecture ou escriture du bon Rhetoricien maistre Iaques Loys, ne sont auiourd'huy n'y entenduz ny cogneux, ny obseruez au moins bien peu en la langue Latine : comme tresbien l'ont demonstré Erasme & Melāchthon. Au contraire, en la Frāçoise (que tu en dis estre depouruëuë) y sont obseruez biē cogneuz, & entēduz les nōbres & liaison inuētez premieremēt en Grece par Thrasymac de Chalcedoine, & Gorgias Leōtin de Sicile, Theodore Bizantin, & puys par Isocrat, temperez & moderez. Car ceux nombres, que Cicerō en l'Orateur parfait leur attribue, qui sont Pair contre pair, semblables fins, contraires, & quarreures, que sont ce autres choses, sinō les nombres, rymes, cadences vnisonantes

roncon

rencontres & croysures de nos vers François? auec les lyaisons des couppes, & des syllabes quatre à quatre, six à six, & au contraire? Comme les exemples mesmes, qu'il en ameine & les escrits de Isocrat en peuuent tesmoigner. Mais tu sembles celuy, qui cerche son asne, & est monté dessus. Et en faisant semblant de illustrer la langue Françoise, tu l'obscurciz, & enrichis les autres pour l'apouurir, luy ostant ce que est à elle, au moins par portion de communauté. Mais tu ne le pensois pas ainsi estre.

Sur le quatrieme chapitre, Admirateurs des Langues Greque, & Latine.

TV es de ceux là, car tu ne fais autre chose par tout l'oeuure, mesme au second liure que nous induire à Greciser, & latiniser en françoys, vituperant tousiours nostre forme de poësie, comme vile, & populaire, attribuant à iceux toutes les vertus, & louanges de bien dire, & bien escrire & par comparaison d'iceux monstres la poureté de nostre langue, sans y remedier nullement & sans l'enrichir dun seul mot, d'vne seule vertu, ne bref de rien, sinon que de promesse & d'espoir, disant qu'elle pourra estre, qu'elle viendra, qu'elle sera : &c.

Mais

Mais quoy? quand, & comment? Est cela defense, & illustration ou pluſtost offenſe & denigration? Car en tout ton liure n'y a vn ſeul chapitre, non pas vne ſeule ſentence, monſtrant quelque vertu, luſtre, ornemēt, ou louāge de noſtre lāgue françoiſe, cōbien qu'elle n'en ſoit degarnie non plus que les autres, à qui le bien ſait cognoiſtre.

La langue fidele interprete de toutes les autres, & les ſciences ſe peuuent fidelement, & copieuſement traiter en icelle.

CEs deux lieux ſont contradictoires, au chapitre ſuyuant.

Sur le 5. chapitre.

Il y a cinq parties de bien dire.

CE ne ſont pas parties de biē dire: mais offices de l'orateur. Sinon que tu entendes parties en pluralité pour offices, ce que ne recognoit la langue françoiſe. Et d'aduantage, la diuiſion d'iceux cinq offices, eſt ſuperflue en ce lieu.

Glaiue couuert de ſa gayne.

IMpropre ſimilitude. Car ores que le glaiue ſe prenne pour la parole (voire és
saintes

saintes lettres) la gaine toutesfois n'est semblable, & ne le peut prendre pour la rudesse impolie du dur langage (comme icy tu en vses) Car la gaine, qui quelque fois, est plus riche, & plus belle que le glaiue; ne peut resembler à la rudesse, & durté, si ce n'estoit vne gayne sicaire. Et d'auantage vne gayne, quelquequ'elle soit, couure l'espée reluisante, qui y est dedans, & dessouz: mais la rudesse & durté ne couure point l'eloquence, qui auec rudesse est nulle. Parquoy fust plus propre dire glaiue enroillé, impoly & non forby pour la parole, & sentence, non encore ornée & clarifiée d'eloquution. Et si tu veux dire, que d'autres nobles scripteurs ont vsé de ceste similitude, ie respondray, que c'est autrement & plus conuenamment que tu ne fais en ce lieu.

Eloquence d'ond la vertu gist és motz propres, vsitez, non alienes du commun vsage de parler Metaphores, Alegories &c.

Accorde ce lieu, Car vne mesme chose n'est en deux subietz contraires, comme sont motz propres, & figures D'auantage si eloquence gist ou tu la couches, elle n'est pas logée chés toy: qui presque

que par tout vſes de motz impropres, non receuz en commun vſage de parler: & deſquels auſsi on n'a que faire: comme en c'eſt endroit meſme, contreuenant à ton enſeignement tu dis alienés, pour eſtranges eſcorchant là & par tout, ce pouure latin, ſans aucune pytié.

Il eſt impoſsible de rēdre auec la meſme grace.

AVſsi n'eſt requiſe la meſme grace, mais la ſemblable, egale, ou plus grande ſi elle vient à propos. Et neantmoins ce que tu dis eſtre impoſsible aux traducteurs tu le penſes bien faire en diſant: Hurter la terre du pied libre, la lyre enfante vers, Ode 8, & mille ſemblables.

Traduction n'eſt ſuffiſante pour donner à noſtre langue ceſte perfection.

OR que cela fuſt vray: Encore ne doit eſtre aſſez à toy enſeigneur vſer de la negatiue: en diſant n'eſt ſuffiſante: ains failloit monſtrer par l'affirmatiue, moyen de parfaire le defaut: autrement tu ne nous enſeignes rié, & ne defens, ne illu-
ſtres

stres rien nostre langue (selon ton tiltre)
Car negation rien ne presuppose.

Sur le 6. chapitre:

Des mauuais Traducteurs.

POur discerner les bons traducteurs des mauuais, fault auoir iugement. Or le iugement est acquis auec l'eage & lexperience. Pource ne iuge si ieune, de chose si antique, monstrant le blanc pour le noir ὕστερον πρότερον, ou ieu de Primus Secundus, ce deuant derriere, c'est mettre la charrue deuant les bœufz, dure à ce propos monstrant le blanc pour le noir. Car selon ton propos reprehensif failloit dire monstrant le noir pour le blanc: qu'est à dire le mal pour le bien, le pis pour le myeux, le vice pour la vertu.

Ou bien dire Tournant le blanc en noir noir iouxte le demy vers Satyric:

Qui nigra in candida vertunt.

Qui tournent blanc en noir.

Les langues, d'ont iamais n'ont entendu les premiers elemens.

TV en es à croire. Car tu le dis de propre conscience.

Fameux Poëtes.

CEst epithete est deshonnorable: car il se prend en mauuaise partie comme libelle fameux, lieu fameux.

Sur le 7. chapitre.

TOut le commencement du chapitre est de translation vicieuse, & inconsequente, commençant par manger: moyennant par planter, & finissant par bastir en parlant tousiours de mesmes choses. Auquel vice tombent coutumierement ceux, qui tousiours veulent metaphoriser, ou il n'est besoin, & appliquer figures, ou proprieté seroit mieux coüenäte: estimäs l'oraison par tout figurée, estre plus belle, que la simple, & egale, & rarement entremeslée de telz ornemés. Tout ainsi que les enfans, qui estiment plus bel habillement vn hoqueton orfauerizé d'archier de la garde, qu'vn saye de veloux vniforme, auec quelques riches boutons d'or clair semez.

Sur le 8. chapitre.

SE compose, pour, se mette, ou se rége à l'imitatiõ. C'est parlé Latin en françois.

Sur le 9. Chapitre.

Nostre langue se decline sinon par les noms, Pronoms, & Participes: pour le moins par les verbes.

IE laisse ceste impropre forme de parler latinement en françois, de si non, mis negatiuement, & prepositif, où le bon françois en vse exceptiuement, ou expletiuement, en subionctif, & la preposition par, pour és. Car il eust esté plus naïf françois ainsi dire, si nostre laugue ne se decline és noms, pronoms, & participes : au moins se decline és verbes. mais tousiours tu veux latiniser en françois.

Cela donq laissé, ie vien au principal de ce poinct: qui est à la defense de nostre langue: contre toy, qui te armant de sa liurée & enseigne, luy es ennemy interieur, luy tollissant les declinaisons des trois meilleures parties nom, Pronom, & Participe. Pour lesquelles calanger, Ie dy que la langue françoise se decline en ses trois parties à la maniere des Hebrieux, c'est à sauoir par articles, & outre ce à la forme Greque, & Latine par quelques changemens de terminaison, tant és deux nombres que en aucūs
diuers

divers genres & cas. Comme cheual, cheuaulx: Roy, Roys: Regnant, Regnante: Apprins, apprinse, principalemét és pronoms, comme ie, moy, me, nous. Tu, Toy, Te, Tous, Noſtre, noſtres, &, nos. Qui ſont (outre la variation des articles) autant de diuerſes voix, & terminations, que en ont les Grecs au nombre duerne, & les Grecs & Latins au genre neutre. Parquoy il appert manifeſtement que ſouz couleur, & promeſſe de la defendre, tu la deſpouilles, & deſtruys: en tant qu'en toy eſt, ſans l'enrichir d'vne ſeule ſyllabe, qui ſoit à elle propre, & conuenante, en tout ton œuure. Pource deuant que ainſi eſcrire, tu deuois ſauoir, que c'eſt Declinaiſon.

Auſſi n'a elle point d'Heteroclites, & Anomaux.

AV contraire plus en y a en la langue françoiſe, que en nulle autre: meſmemert és verbes.

Nature pour parler, nous a ſeulement donné la langue.

CEla eſt faux ſelon Ariſtote, & Galien. Comme auſſi le monſtre le vers de Pierre d'Eſpagne:

M 2   Inſtru

*Instrumēta nouē sūt, guttur, lingua, palatū,
Quattuor, & dentes, & duo labra simul.*

A parolle formier il fault neuf instrumens, Langue, Palat, Gousier : deux leures, quatre dens.

Ce que sensuyt apres, de la ronde parolle françoise, contre les mynoises, ou extortionneres prononciations des autres langues, est tresbon, & tresuray, & les exemples de similitudes bien appropriez, notans les nations sans les nommer, & là ie te recognoy bon françois.

Sur le 10. chapitre.

Falx d'autres espaules.

CEste Metaphore est trop souuent repetée, ou il n'en est besoin, veu mesmement qu'elle est aussi lourde & grossiere, qu'vn portefaix, principalement à la Philosophie : qui est de l'esprit. Et si tant tu plais és Metaphores des parties corporelles pour les spirituelles, l'esprit est mieux signifié par l'œil (tesmoing Cheremon, & Ore Apollon, Hieroglyphicz scripteurs) que par les espaules : & la Philosophie, par la lumiere que par vn fardeau. Bien seroit bonne la Metaphore
faix,

faix, pour vne charge commise, & espaules pour puissance de la soustenir. Mais cela ne vient à ce tien propos.

Sur le 11. chapitre.

Qu'il est impossible d'egaler leurs anciens en leurs langues.

CE tiltre est tout contrariant à la position du precedent, maintenant faisant impossible, ce que parauant tu esperois, & souhaitois estre
fait.
M 3 QVIN

QVINTIL SVR LE SECOND LIVRE
de la defense, & illustration de la langue Françoise.

Sur le 1. chapitre.

CE chapitre, & tous les autres suiuans de ce second liure ne conuiennent au tiltre de ton œuure: ains à la Poësie, qui est non la defense & illustration de la langue françoise, mais vne espece d'ouurage en icelle langue: Et n'est ne Definition, ne espece, ne partie, ne cause de la langue: mais vn effect, & vn œuure, non d'icelle langue, mais par icelle, plus pour volupté acquis, que par necessité requis. Car pour bien parler, ou mettre par escrit en françois, ie ne vouldroie escrire, ou dire à la forme des Poëtes, sinon que ie voulsisse faire rire les gens, & se mocquer de moy en parlant poëtiquement, en propos commun comme tu fais. Mais plustost comme les bons Orateurs François tant ceux qui ont escrit, que ceux, qui ont à voix priuée, & publique tresbien

dit

dit, & encores tous les iours tresbié disent, és grandes cours Imperiales, Royales, Principales, & Seigneuriales, és grāds Conseilz, Parlemens, & ambassades, és Conciles, Assemblées des sages & bien parlans, és Sermons, & predications, és Consulatz, Syndicatz, & Gouuernemens Politiques: ou en tresbon & pur langage François sont traitées, & deduites diuerses choses graues & honnestes, appartenantes, & necessaires à la vie commune, & à la conseruation de la socialité des hommes, & non pas plaisantes folies, & sottes amourettes, fables, & propos d'vn nid de souriz en l'oreille d'vn chat. Et pleut à Dieu que iceux sages & eloquens hommes tant defuntz, que encores viuans (desquels les noms assez renōmez ie tais) eussent voulu prendre le labeur de mettre par escrit leurs belles & bonnes, & prudentes Oraisons, harengues, Actions, Conseilz, Sentences & parolles, en telle ou meilleure forme d'escriture qu'ils les ont prononcées à viue voix, ainsi que ont fait les Orateurs, Consulz, senateurs, & Imperateurs, Grecs, & Romains. Car par iceux seroit mieux defendue, & illustrée la langue Françoise, que par la sutile ianglerie de la plus grande partie des Poëtes, qui pour ce à bon droit sont blasmez par frere Baptiste

Mantuan chaste & bon Poëte latin, au Poëme contre les escriuains impudiques: Et pour semblable raison iadis reietez de la republique Platonique. Non toutefois que ie vueille du tout refuser les Poëtes, en l'illustration de la langue, comme celuy qui ay consumé ma ieunesse à la lecture d'iceux: mais que ie ne voudroie si sottement niquenocquer, que de prendre le pyre pour le meilleur. Parquoy ie conclu que tu en as prins vne seule piece & necessaire la moins vsitée, la plus obscure, & la plus incognue de l'vniuerselle armature Françoise (qui est appellée & dite en Grec πανοπλία) Panoplie, pour la defense & illustration de la langue Françoise: & d'icelle iointe à ton œuure, impertinemment tu as fait tout vn liure second. Tout ainsi comme si tu eusses proposé en tiltre, non par vne defense & illustration: mais par vn Art Poëtique. Ce que par tresbonne Methode, tu as fait vn autre par cy deuant imprimé, & non nommé: ne par luy, ne par autruy, ne par reuersions, ne par lettres versales, ne autrement. Auquel ie porte honneur, & amour sans nullement le cognoistre: & non par enuie, faulseté, ou autrement, & encor combien que en son œuure & liure de l'Art Poëtique Françoise a fraudé vne partie de mes labeurs

iuue

iuuènilz, faitz, & compoféz par mon entendement & fauoir, depuis peu de temps
en ça, & fupprimez depuis plus de neuf ans,
fur le neufieme liure, par trop grande
crainte d'vn Quintil, & côfcience de la ieu-
neffe (ou i'eftoie alors) & de la foibleffe de
mon efprit, & peu de fauoir, qui encore eft.
Mais quiconque foit iceluy Auteur de l'art
Poëtique, il a efcrit methodiquement, &
fuiuy fon tiltre propofé par droit & con-
tinuel fil, ce que ie voudroie tu euffes fait.
Or ie reuien à ma pourfuyte.

Laiffant celuy que i'entens auoir efté bafty,
i'ay bien voulu tellemēt quellemēt esbaucher.

IE demande aux ouuriers, fi baftir, & ef-
baucher font d'vn mefme artifice & ouurage, pour icy en vfer en mefme metaphore. Croy moy, que ta trop grande frian-
dife de metaphores, te fait fouuent impro-
premēt les affembler: ne feroit il plus beau
parler proprement?

Qui ay ofé, quafi le premier des François
Introduire vne nouuelle Poëfie.

OY eft cefte nouuelle Poëfie, de toy
premier des François. Ie n'en voy
M 5 point

point d'autre nouuelle, sinon en noms changez & deguisez, au demourant la chose
mesme, ou pyre.

I'ay tousiours estimé nostre Poësie Fran-
çoise, estre capable de quelque plus hault, &
meilleur style.

Monstre donq' aucun exemple de ce
plus hault, & meilleur style. Quel est-
il? est ce escorcher le latin, & contreminer
l'Italien en François, & periphraser ou il
n'est besoing: en disant fils de Vache, pour
Veau, ou Boeuf, de peur de faire la mouë?
Est ce faire des vers, tels que chantoient les
Prestres Saliens danseurs: à eux mesmes
(comme dit Quintilian) non entenduz? Si
c'est cela vn plus hault, & meilleur style, que
le naïf François, vrayement ie le quite, &
n'en vueil point.

Bien diray-ie que Iean le Maire de Bel-
ges, &c.

IE ne vueil point debatre auec les mors:
mais ie demanderay hardiment cela, Qui
est celuy qui voudroit ainsi parler, que Iean
le Maire t'a escrit?

Trou-

Trouuent à reprendre en trois, ou quatre
des meilleurs, disant &c.

MOn amy, on voit tout à clair que tu forges icy des repreneurs à plaisir, souz la personne desquels tu cuides courir, & dissimuler la censure que toy mesme fais de tels personnages, lesquels tu ne oses nommer, ne reprendre ouuertement. Puis tu te couures d'vn sac moillé, disant à la reclame: Voilà ce que i'ay ouy dire: On le m'a dit dague à roelle.

Item, les Poëtes que tu nommes en ce chapitre, sont tous bons, & tresbons: mais non seuls, comme tu les poses. En la position desquels neantmoins tu te contraries, si bien tu te cognois.

Quelque autre voulant s'esloigner
du vulgaire, &c.

Contemple icy ton image.

Hors mis cinq ou six, la reste, &c.

VOila bien defendre, & illustrer la langue Françoise, ne y receuoir que cinq ou six bons Poëtes, si cinq douzaines d'autres ne s'y opposoiēt, à tresbō droit, & pour

le

le moins la grande douzaine. Encore que autrepart tu en nommes d'auantage, nom par nom.

Sur le chapitre. 2.
Le moyen de l'enrichir, & illustrer, qui est l'imitation des Grecs, & Romains.

IE ne voy comme se peut entendre cecy. Car si és Grecs, & Romains nous fault cercher, que sera ce? Où les choses ou les paroles? Si les choses: Tu te contredis: Qui au premier liure as dit la nature des choses, & la cognoissance, & commune tractation d'icelles, estre egale en toutes nations & langues. Et encores si les choses ou en doit retirer, ou ce sera par translation ou par tractation. Si par translation, tu la defens. si par tractation, c'est redite de mesme chose en autre langue à nous propre, & rien pour cela enrichie de parole.

Or si tu dis que les braues paroles il y fail le cercher, ce sera escorcherie sanglante. Si la mesure & forme des vers, elle est grandement dissemblable. Si les manieres de parler, phrases, & figures, ie dy, & maintien que nulle d'icelles ne defauls aux Poëtes
Fran

François, nõ plus que aux Latins, & Grecs. Si la science, & les ars, cela est y cercher le sauoir des choses, ample & belle matiere de Poësie: & nõ la forme de Poësie, ne du style plus hault. Et cela ne sera pas illustrer, ne enrichir la langue de plus hault & meilleur style, mais enrichir l'esprit de plus haute science, & cognoissance des ars, qui en ces deux langues ont esté mises, ce que est tresbon & principal, mais non à ton propos. Parquoy pour l'enrichissement & illustration, & plus hault & meilleur style, ie ne say quelle imitation tu y cerches, ne toy auec ne sais.

Bié peult estre, que quelque peu de mots qui nous defaillent, en pourront estre extraitz, ainsi comme à eux defaillent plusieurs de ceux, que nous auons, desquels ils ont vsé comme le demonstrent Ciceron, Quintilian, & Erasme au premier liure de la Copie. Mais cela est peu de chose pour en faire si grãd cas. Et outre ce, ne fault estimer seul auoir leu les Grecs, & Latins. Car la plus grand part des poëtes Frãçois de nostre tẽps, sont exercez és langues. Et neantmoins sans lesquelles langues, n'ont pas laissé aucuns d'estre tresbõs Poëtes & par aduenture plus naïfz, que les Grecaniseurs,

Latini

Latiniſeurs,& Italianiſeurs en Frãçois: Leſquels à bon droit on appelle Peregrineurs.

Sur le 4. chapitre.

Laiſſés ces vieilles poëſies Frãçoiſes, aux ieux floraux de Tholoſe, & au Puyts de Rouan, comme Rondeaux, Balades, Virlaix, chãnts Royaux, chanſons qui corrompent le gouſt de noſtre langue: & ne ſeruent, ſinon à porter teſmoignage de noſtre ignorance.

TRop dedaigneuſe eſt ceſte exhortation de laiſſer les vieilles Poëſies, aux floraux de Tholoſe,& au Puytz de Rouan. Par laquelle trop ſuperbe dehortation ſont indignement,& trop arrogamment depriſées deux treſnobles choſes. D'ont l'vne eſt l'inſtitution anciene en deux tresbonnes villes de France de l'honneur attribué au mieux faiſans: pour l'entretien eternel de la Poëſie Françoiſe: iouxte le prouerbe, L'honneur nourrit les ars. Tel que iadis fut en Grece és Olympiques, & à Rome és ieux publiques: l'autre eſt l'excellence,& nobleſſe de noz Poëmes les plus beaux,& les plus artificielz: comme Rondeaux, Balades, Chans Royaux, Virlais, leſquelz tu nommes par terrible tranflation, efpecerie corrumpât le gouft: qui toutefois en toute perfection d'art, & d'inuention excedent tes beaux fonnetz, & Odes (que tu nommes ainfi) defquelz plus amplement cy apres ie parleray.

Et en ceft endroit, tu ne cognois, ou ne veux cognoiftre, que ces nobles Poëmes font propres, & peculiers à lãgue Françoife, & de la fienne, & propre, & antique inuention. Sinon que par aduenture on les vousift rapporter à d'aucunes formes Hebraïques, & Greques és Prophetes, & en Ifocrat, & quelques Latines en Ciceron, és oraifons, & en Vergile, és vers Intercalaires. Ce que mefme les noms de ce Poëmes donnét à entendre. Car Rondeau eft Periode, Balade eft nom Grec, chant Royal, eft Carme Heroique, par principale denomination, Virlay eft vers Lyrique ou laïque, c'eft à dire populaire. Ce que ne penfant pas, tu les reiettes: mefmement les virlais, & à la fin ordonnes les vers lyriques, qui font tout vn & vne mefme chofe. Mais ce que te fait les defprifer, à mon aduis que c'eft la dificulté d'iceux Poëmes, qui ne fortent iamais de poure efprit, & d'autant font plus beaux que de difficile facture

Selon

Selon le prouerbe Grec τὰ χαλιπὰ καλά: Choses difficiles sont belles.

Tout ainsi comme en Grec & Latin les vers exametres cheminãs à deux piedz seulement, sont plus nobles, & plus beaux que les Trochaïques ou Iambiques, ou Comiques, qui reçoiuent plusieurs piedz indifferemment, & plus à l'aise. Pource ne blasme point ce, que tant est loüable, & ne defendz aux autres ce que tu desperes pouoir parfaire. Et ne dy point que telz Poëmes ne seruent sinon à porter tesmoignage de nostre ignorance. Car au contraire par excellence de vers & ligatures, nombreuse, multiplicité de cadéces, vnisonnantes, & argute rentrée, refrains & reprinses auec la maiesté de la chose traitée, & epilogue des Enuoys, tesmoignent la magnificence & richesse de nostre langue, & la noblesse & felicité des espritz Fraçois, en cela excedans toutes les Poësies vulgaires. Mais pour le difficile artifice, & elabourée beauté d'iceux anciens Poëmes, tu lesveux estre laisséz. Et que l'on se iette (cõme tu parles) à ces plaisans Epigrammes, Poësie aussi aysée cõme brieue.

De laquelle se sont aussi bien aydez & d'aussy bõne grace noz Poëtes Fraçois tãt vieux que nouueaux, & en grand nombre, que vn Martial Latin (q̃ tu proposes) Poëte inegal,

inegal, bié souuent froid, Espagnol mal Romain, & flateur idololatre de Domitian, vicieux, & abominable Sotadic, meritant n'estre mis en lumiere que de flambe de feu. Auquel Martial le plus souuent eschet ce que tu reprens aux faiseurs de comtes nouueaux, qui est le petit mot pour rire à la fin: & rien plus. Tu nous renuoyes aussi à ces pitoyables Elegies (helas) pour alors que demandons à rire, nous faire plourer, à la fingerie de la passion Italiane. Lesquelles sont ouurages, de propre affection de simple, & facile artifice, & de ryme plate.

Chante moy ces Odes incogneues encore de la muse Francoise.

VRay est que le nom Ode a esté incogneu, comme peregrin, & Grec escorché, & nouuellement inuenté entre ceux qui en changeant les noms cuydent deguyser les choses: Mais le nom de chat & chanson est bien cogneu, & receu comme François. Car quant à la façon de tes Odes (que ainsi tu nommes (ie n'y trouue point autre forme de vers, que les acoustumez comme de dix, & de huyt syllabes, & au dessouz entiers ou couppés, suyuans, ou croisez, entremeslez, & appropriez à plaisir côme ont fait noz maieurs Poëtes François (plus heureusemét que à present) en leurs Chansons laiz, virlaiz, seruantoises, Chapeletz, & telz ouurages, les entretixans bien proprement selon leur plaisir, & iugement d'oreille, en les accommodant à quelque plaisant chant vulgaire, à l'exemple des lyriques Grecs, & Latins: qui en ont ainsi fait. Car il n'est pas en vsage (ce que tu dis autrepart) que les Poëtes composans chansons se assuiectissent à suiure la Musique: ains au contraire, les Musiciens suyuent la lettre & le subiect (qu'ils appellent) à eux baillé par les Poëtes. Et qu'ainsi soit, i'en demande à Claudin, Cerson, Sandrin, Villiers & autres renommez Musiciens.

Sur toute chose, prens garde que ce Poëme soit esloigné du vulgaire.

CEste caution est contre le precept d'Horace: qui veult le Poëme estre tel, que l'honneur d'iceluy soit acquis des choses, & paroles prinses au mylieu de la communauté des hommes, tellement que tout lecteur, & auditeur en pense bien pouoir autant faire, & toutefois n'y puisse auenir: Tel (à la verité) qu'a esté Marot. Et toy au contraire, commandes de estranger
la

la Poësie: disant que ne escris sinon aux doctes. Qui neantmoins sans ta singerie, & deuisée Poësie entendent la Greque, & les vertus d'icelles.

Orné de graues sentences.

DOnques les ludicres & ioyeuses n'auront lieu?

Non comme vn, Laissez la verde couleur &c.

O Quelle reiection de choses si bien faites, & par telz auteurs, que d'espris, de les nommer chansons vulgaires? Chansons bien, vulgaires non, comme seroit la Tirelitanteine ou Lamybaudichon. Car ce ne sont chansons desquelles on voise à la Moustarde : & puis dire icelles ne meriter le nom de Odes, ou de vers lyriques. Ie ne te demande: n'est ce vne mesme chose, Ωδή, Ode, Cantio & chanson, en trois langues diuerses? ainsi comme Ἀνήρ, Aner, Vir, homme? Et les noms diuers changent ils la chose? Certes non. Quel besoin estoit il donq de escorcher le nom Grec, ou le François estoit? Ce que n'ont fait les Italiens (tes dieux en singerie) qui du nom François, l'ont appellée Canzone. Pource, contre ton dit, si elles sont chansons, elles sont Odes par equipollence de nom. Et si elles peuuent estre sonnées à la Lyre (comme elles sont) meritent le nom de vers lyriques, myeux que les bayes de ton Oliue, ne la suyte qui ne furent onque chantées ne sonnées, & à peine estre le pourroient.

Quant aux epistres, ce n'est vn Poëme, qui puisse grandement enrichir nostre vulgaire.

TV metz les Epistres hors du ieu: qui sont bien les plus necessaires, non seulement à nostre langue: mais à toutes, pour la commune societé des hommes soit en prose, ou en vers. La richesse, & vtilité, voire necesité desquelles voy & ly és Epistoliers, & principalement en ceste belle preface Apologique, que a faite François Aretin sur la translation des Greques Epistres de Phalaris. Puis tu allegues vne belle, & suffisante raison: pource qu'elles sont (ce dis tu) de choses familieres. Mais d'autant plus sont idoines à enrichir nostre vulgaire, qui conuerse, & est le plus souuent mis en vsage és choses familieres. Combien que outre lexemple, & la translation des autres langues, cõme les Epistres de Ciceron, Pline, Basil le grand, Phalaris, Euchier, mises
en

en François. Encores en est il de Françoises originales, de non moindre grauité, que celles là. Ie m'en rapporte à l'Epistre enuoyée à vn Secretaire Alleman, que l'on dit estre de feu illustre, noble, & sauant seigneur Monsieur de Langey, ie m'en rapporte aux Epistres (qui sont missiues comme le nom venu du Grec le monstre) des Roys, Princes, Seigneurs, Peuples, Republiques, voire des Aduocatz, Procureurs, & Marchans, & priuez amys, & à plusieurs belles Epistres nuncupatoires, & dedicatoires. Desquelles ie voudroie mieux apprendre à parler, & escrire, & enrichir mon vulgaire, & ma langue illustrer, que de tes Elegies larmoyantes. Car si i'estoie Secretaire de quelque grand Seigneur, qui me commandast escrire son vouloir, & son intention en autre lieu, & à autre tel personnage ou à quiconque ce fust, & au lieu de cela, ie luy allasse escrire vne Elegie suyuant l'affection de ma propre douleur, qui en rien, & à luy & à autre ne toucheroit : & que ie luy chantasse la complainte de Quaresme, pour auoir des œufz à Pasques: pensez qu'il seroit bien ayse, & m'en sauroit grand gré de faire ainsi, Nostre Dame de pitié. Ie n'entendz que des Poëtiques (pour as tu dire) & nom des prosaiques. Et ie te

N 3 suys

suys instant: N'es tu pas celuy illustrateur de la langue Françoise ? laquelle doit, & peult bien estre, & est illustrée de l'vne & l'autre, Oraison:& Poësie?Combien encore que point ne nous defaillent les Poëtiques pour enrichir nostre langue de choses, & de parolles, telles que sont les deux Epistres de l'Amant verd, tant riches en diuersité de plusieurs choses, & propos, que c'est merueille. Item celles de Octouian, de Philistine, de Marot, de Vauzelles, & plusieurs autres. Desquelles (contre ton dire) se peult enrichir nostre vulgaire. Veu que en icelles, plus qu'en toutes autres escritures sont traitées les choses, & les affaires & les parolles, & les noms, tant des personnes que des choses.

Finalement tant necessaires, que qui ne sait escrire vne epistre, ou vne missiue (car c'est tout vn) pour parler à vn absent, & luy communiquer son intention, en vain sait il poëtiser des Elegies.

A limitation des Elegies.

Horace te a enseigné (si tu as voulu) que la Poësie est comme la peinture. Or la peinture est pour plaire, & resiouir,

non

non pour contrifter. Parquoy la trifte Elegie eft vne des moindres parties de Poëſie: & auſſi la plus aiſée, toute place & plaignante, qui n'apprent rien qu'a plorer, & iouër le perſonnage des amoureux, & amoureuſes:

Des langoureux, & langoureuſes.
Qui meurent le iour quinze fois.

Autant ie dy des Satyres: que les françois, ie ne ſay comment ont appellez Coqs à l'Aſne.

COqs à l'Aſne ſont bien nommez par leur bon parrain Marot, qui nomma le premier, non Coq à l'aſne: mais Epiſtre du Coq à l'aſne. Le nom prins ſur le commun prouerbe françois, ſaulte du Coq à l'aſne, & le prouerbe ſur les Apologues. Leſquelles vulgaritez à nous propres, tu ignores, pour les auoir deſpriſées cerchant autrepart l'ombre, dōd tu auois la chair. Et puys temerairemēt tu reprens, ce que tu ne ſais. Parquoy pour leurs propos ne s'entreſuyuās, ſont bien nommez du Coq à l'aſne, telz Enigmes Satyrez, & non Satyres. Car Satyre eſt autre choſe. Mais ils ſont Satyrez nō pour la forme de leur facture, mais pour la ſentence redarguante à la maniere des

N 4 Saty

Satyres Latines. Combien que telz propos du Coq à l'Asne peuuent bien estre adrécez à autres argumens que Satyriques, Comme les Absurda, de Erasme, la farce du sourd, & de l'aueugle, & l'Ambassade des Cornardz de Rouan.

Pardonner aux noms des personnes vicieuses. Tu as pour cecy Horace.

Horace point n'a pardonné aux noms (comme tu latinises en françois) ou plustost n'a point espargné les noms des personnes.

Sonne moy ces beaux sonnetz non moins doctes, que de plaisante inuention Italienne, conforme de nom à l'Ode.

Sonnez luy l'antiquaille. Tu nous as bien induit à laisser le blanc pour le bis: les Balades, Rondeaux, Virlaiz, & Chans Royaux: pour les Sonnetz inuention (comme tu dis) Italienne. Dequoy (si à Dieu plait) ils sont beaucoup plus à priser. Et certes ils sont d'vne merueilleuse inuention (à bien les consyderer) & tresdificile, comme d'vn huitain bien libre, à deux, ou à trois cadences, & vn sizain, à autant d'vnisonaces, ou croisées, ou entreposées si abandonnée

donnéement, & deregléement: que le plus
souuent en cinq vers sont trois Rymes diuerses, & la ryme du pmier renduë finalement au cinquieme, tellemét que en oyant
le dernier, on a desia perdu le son, & la me
moire de son premier vnisonant, qui est
desia à cinq lieuës de là. Vela vne braue
Poësie, pour en mespriser, & dedaigner tou
tes les autres excellentes françoises, si con-
iointes en leurs croisures, qu'elles ne lais-
sent iamais perdre, & loing voler le son de
leur compagne, encore demourant en l'o-
reille, & en l'e seit plus d'vn ver, ou deux au
plus: & ce en double croysure, & entrepo-
sée quaternaire.

Outre ce, au lieu de defendre, & illustrer
nostre langue (comme tu le promets) Tu
nous fais grand deshonneur de nous ren-
uoyer à l'Italien, qui a prins la forme de sa
Poësie des françois, & en laquelle il est si
poure, qu'il ne tombe gueres iamais que en
a, & o, & si licentieux, qu'il vse des motz &
couppes, diuisions, & contractions à l'e-
striuiere.

Conforme de nom à l'Ode.

Sauue la reuerence de ton sauoir, il n'y a
point conformité de nom entre Ode,

& Sonnet. Le verbe ΑΔω, Ado, dond vient ΩΔή, Ode, Ode, ne signifie pas, ce que le verbe Sono, duquel viét Sonnet. Car Αδειη, Adein, Chanter, est de voix naturelle yssante de l'animant: mais sonnet, est d'instrument, & organe artificiel à vent, ou à corde, sans voix, duquel verbe sonner, vse l'Italien, ou le françois dit jouër. Parquoy, Ode, qui est Chanson ou Chant, ne a nulle conformité (cóme tu dis) à Sonnet. Mais bien plus est de conforme signifiance le nom françois Chanson, au Grec, Ode, que Sonnet: lequel à mon aduis, tu deuois laisser aux Italiens. Pource que vn Sonnet en françois sonne vilainement pour lacte du verbe que Alexandre Villedieu declare honnestement sans le nommer, disant:

Quod turpe sonat, sit in edi.

Comme disent les Grammairiens.

N'Ayes honte de nommer Perot: Car il le vault bien.

Chante moy, d'vne Musette resonnante, et d'vne fluste bien iointe ces Eglogues.

QVel langage est ce chanter d'vne musette, & d'vne fluste? Tu nous as proposé

proposé le langage françois: puis tu fais des
menestriers, Tabourineurs, & violeurs.
Comme ton Ronsard trop, & tresarro-
gamment se glorifie auoir amené la lyre
Greque, & Latine en france pource qu'il
nous fait bien esbahyr de ces gros & estran
ges motz, Strophe, & Antistrophe. Car iamais (parauenture) nous n'en ouysmes par
ler. Iamais nous n'auons leu Pindar. Mais
ce pendant il crese les Muses bien peignées
& les arme d'vn arc, comme nymphes de
Diane, & du sien arc vise à frapper les Prin
ces. Gardez le coup. Certes à la verité vous
estes quelque nôbre tous forbeuz de ceste
faulse persuasion de vous mesmes, de laquelle (procedant l'eage auec le iugemét)
vous aurez grande honte en voz conscien
ces. Et en vous armant de noms emprun-
tes, & escorchez, & de facture (bonne cer-
tés) mais commune, & facile, contrefaites
des Poëtes Lyriques, & des Magistri nostri
de lyra en Poësie, ou gardez que ne soiez
Poëtes leriques, ἀπὸ τ̃ λῆρᾶμ. Car qui de-
manderoit au plus sauant de vous quel instrument est, & fut Lyra, & la maniere d'en
sonner ou iouër, & la forme d'icelle, nombre de cordes, & accordz: & la maniere de
chanter les vers dessus ou sur la fluste,
ie croy que le plus habillé se troueroit
moindre

moindre en cela, que vn petit Rebequet, & flusteur de vilage. Pource n'abaissez point la Poësie, à la menetrerie, violerie, & flageolerie. Car las Poëtes lyriques du passé, ne ceux du present ne chantoient, ne sonnoient, ne chantent, ne sonnent leurs vers (Si ce n'est comme le Cytharin Aspendien, pour eux, & pour les Muses) mais les composoient, & composent en beaux vers mesurez, qui puys apres par les Musiciens estoient, & sont mis en Musique, & de la Musique és instrumens. Ce que bien donne à entendre Horace disant:

Le Menestrier qui de fluste harmonique
Sonne les vers du beau ieu pythonique,
Premierement, auant que de tel estre,
Apprins il a, & reueré son maistre.

Ou l'on peut veoir que le Ioueur instrumentaire sonnoit és lieux & sacrifices d'Apollon les vers Pythiques, que long temps par-auant Pindar auoit composez.

Esquelz vers appert, que les Pythies vers lyriques de Pindar estoient iouez, & sonnez par autres, & que sont deux Lyrici, & Lyricines, comme Comici, & Comœdi. Et si vous autres me mettez en
avant

auant vn Mellin Monsieur de Saint Gelais,qui compose, voire bien sur tous autres,vers lyriques,les met en Musique, les
châte, les iouë,& sonne sur les instrumens:
Ie confesse, & say ce qu'il sait faire, mais
c'est pour luy.Et en cela il soustient diuerses personnes,& est Poëte,Musicien,vocal,
& instrumental. Voire bien d'auantage est
il Mathematicien,Philosophe,Orateur,Iu-
risperit,Medecin, Astronome, Theologié,
brief Panepistemon. Mais de telz que luy
ne s'en trouue pas treize en la grand douzaine, & si ne se arrogue rien, & ne de-
rogue à nul.

*Adopte moy aussi en la famille francoise, ces
coulans, & mignars Hendecasyllabes.*

IE te demande,Legislateur,les vers françois des Chants Royaux, Balades, Cha-
pelletz,Rondeaux,Epistres, Elegies, Epigrammes,Dixains,& Translations,sont ilz
pas tous Hendecasyllabes,& Decasyllabes
selon la derniere masculine, ou feminine?
Comment veux tu donq' que nous ado-
ptions en nostre famille(pour auec toy par
ler iurisperitement en françois) ceux, qui
nous sont naturelz, & legitimes, & que les
autres langues par auenture, ont prins de
nous?

nous? C'est mal entendu le droit.

Quant aux Comedies, & Tragedies.

DE Comedies françoises en vers, certes ie n'en say point. Mais des Tragedies assez, & de bonnes, si tu les seusses cognoistre. Sur lesquelles ne vsurpe rien la force, ne la Moralité (comme tu estimes) ains sont autres Poëmes à part.

Sur le 6. chapitre.

Mais de peur que le vent d'affectiõ ne poulse mon nauire si auant en ceste mer, que ie soye en danger du naufrage, reprenant la route, que i'auoie laissée.

COntinue tes metaphores affectées sans les bigarrer d'vn nauigage à vne route de cheuaux, qu'est passer sans moyé, de la mer en la terre. Outre ce, que tu commetz vn lourd Solecisme disant mon nauire, pour ma nauire.

Accommode telz noms propres de quelque langue que ce soit, à l'vsage de ton vulgaire.

POurquoy escris tu donq Pytho, Erato? veu que nous n'auons analogie de semblable terminaison françoise, ou tu eusses bien peu dire Python, Eraton, comme Platon, Ciceron, Iunon.

Vse

Vse de motz purement francois.

CE commandement est tresbon: mais tresmal obserué par toy Precepteur, qui dis: Vigiles, pour veilles: Songer, pour penser: Dirige, pour adresse: Epithetes non oysifz, pour superfluz, pardonner, pour espargner: Adopter, pour receuoir: Liquide, pour clair: Hiulque, pour mal ioinct: religion, pour obseruance: thermes, pour estuues: fertile en larmes, pour abondant: recuse, pour refuse. Le manque flanc, pour le costé gauche: Guerriere, pour combatante: Lasserener, pour rendre serain: Buccinateur, pour publieur: fatigue, pour trauail: Intellect, pour entendement: Aliene, pour estrāge: Tirer pour peindre, ou pourtraire: Molestie, pour ennuy, Venuste, pour venusteté: Cōme de honneste, honnesteté: moy, pour ie: Pillé, pour prins: Ennobly, pour anobly: Obliuieux, pour oblieux: Sinueux, pour courbe, & cōtourne, & infiniz semblables, que trop long serois à les nombrer.

Item, improprietez, comme vins libres, pour ioyeux, hurter la terre du pied libre, pour aller seurement esclarcir voile, pour esclairer: Donner la derniere main, pour mettre fin, & paracheuer.

Item les vices de la langue du païs, comme

me, o pour auec. Qui de l'vn, qui de l'autre:
Qui Grec, qui Latin: pour tant de l'vn que
de lautre: tant Grec que Latin, & pluſieurs
telz, deſquelz tu te pourras excuſer qu'ilz
ſôt de tō creu par ce demy vers de Vergile:
Noſtri ſic loquuntur.
Mais toy qui les autres enſeignes, te ſou-
uienne du vers de Caton:
Turpe eſt Doctori, cū culpa redarguit ipſū.

Ainſi que font les reliques des ſainctz, aux
Croix. vela bonne, & deuote ſimilitude.

Sur le 7. chapitre.

Ces equiuoques me ſoient chaſſez bien
loin.

Comme tu as ieté les plus belles formes de la Poëſie Françoiſe, ainſi
maintenant reiectes tu la plus exquiſe ſorte de ryme, que nous ayons: moyennant
qu'elle ne ſoit affectée, & cerchée trop cu-
rieuſement. Et en cecy tu blaſmes taiſi-
blement Meſchinot, Molinet, Cretin, &
Marot: tels perſonnages, que chacun les
cognoit. Mais comme i'ay dit des Chants
Royaux, Balades, Rondeaux, & Virlais,
la

la difficulté des equiuoques, qui ne te viennent pas tousiours à propos, les te fait reiecter.

Si l'Ortographe Françoise neust point esté depraué par les Praticiens.

Ains au contraire: par les praticiens a esté, & est & sera efforcéément retenue en son entier contre la nouuelle Paradoxologie.

Sur le 8. chapitre.

Les vers de la Sybille furent translatez par saint Augustin.

Mais nouuellement, & entierement en vn iuste liure par Sebastian Castalion, & tout le mystere d'iceux declaré.

Sur le 9. chapitre.

Entre autres choses ie t'auerty de vser souuent de la figure Antonomasie.

Tes exemples ne sont Antonomasticz, mais Periphrasticz: esquels voire en
O prose

en prose, tu es redondant, & en cest endroit fais de vice vertu.

A fin que tu me dies l'eau ondoyante.

SI les ondes sont appellées vagues de la mer des lacz, ou fluues esmeuz des vens à tormente, ie ne voy point pourquoy eau ondoyante, ne se puisse dire pour impetueuse. Mais possible tu voulois dire eau estagnante.

C'est, quand en la quadrature des vers Heroiques, la sentence est trop abruptement couppée.

AV vice que tu reprens, icy tu y tombes au tiers sonnet, & plusieurs autres lieux: Iaçoit que vice n'est pas ce que tu reprens: si la quarte syllabe est seule & aguë, comme au commencement de la seconde epistre de l'amant verd.

Que les Periodes seroient bien ioincts.

SI tu fais Ode feménin (comme il est) pourquoy fais tu Periode masculin, ce qu'il n'est pas?

Sur

CENSEVR.

Sur le 11. chapitre.

Aux somptueux Palais des grans Seigneurs, & Cours magnifiques des Princes, entre les Dames & Damoiselles.

TV charges bien temerairement, les Princes, & leurs Cours d'ignorance, & faute de iugement, en renuoyant vers eux les mal equipez, & ignorans rymeurs. Où au contraire se sont tousiours trouuez, & bien receuz les plus parfaits, & sauans Poëtes. Parquoy tu fais iniure aux vns, & aux autres.

O combien ie desire xcoir secher ces Printemps, chastier ces petites ieunesses: rabatre ces coups d'essay: Tarir ces Fontaines. Brief abolir tous ces beaux tiltres, assez suffisans pour degouster tout lecteur sauant d'en lire d'auātage. Ie ne souhaite moins, que ces despourueuz, ces humbles esperās, ces Bannitz de Lyesse, ces Esclaues, ces Trauerseurs, soient renuoyez à la table ronde.

ENuieux souhait! Par lequel tu desires les œuures d'autruy estre aneantiz:

O 2 qui

qui ne sont moins dignes de durée, que les
tiens, & te moques de leurs tiltres: qui sont
modestes, & non ambitieux comme le tien,
& ne degoustans les lecteurs (comme tu
dis) mais plustost les inuitans. Car autant,
& plus gracieux est Primtemps, & Fontaine comme Oliue. Le primtemps portant
aussi belles fleurs, que ton Oliue beaux
fruits. La Fontaine aussi purement coulante, & claire, que l'huyle de ton Oliue est
crasseux, & faisant obscure lumiere. François Habert a bien monstré quel bon naturel il a en ses poursuyues translations
des Metamorphoses d'Ouide. Le Trauer-
seur Bouchet, pour son temps a esté loué,
& est encore comme chaste, & chrestien
scripteur, non lascif & paganisant, comme
ceux du iourd'huy: & si a fait & poursuiuy
grands, & continuels œuures, non pas petites sonneries. Et ainsi des autres bons: lesquels par toy (en tant que tu peuz) aneantiz pour nous faire dancer des sonnettes.
Qui en cela non à tort se sentent par toy
iniuriez. De l'vn desquels voire du moindre, si i'auoye l'heureuse vene, & bon sauoir, ie te respondroie autrement & plus
viuement, & te monstreroye le chemin de
l'escole, & d'Antioyre ou tu les enuoies.

E slo

Esloignez de toute bonne erudition.

Mon amy, sache qu'il en y a deux mille en France: qui ont leu les Grecs, Latins, Italiens, Hespagnols, Hebrieux, & Allemans, aussi bien que toy, qui toutefois ne se arroguent pas ce, que tu fais.

Sur le 12. chapitre.

L'autre n'a pas seulement traduit l'Electre de Sophocle quasi vers, pour vers: chose laborieuse.

TV Joués maintenant ce, que tu as reprins parauant. Oblieuse inconstance.

Quant à l'Orthographe, i'ay plus suiuy le commun & antique vsage, que la raison.

Tu as fait ce: que tu dis ne faire.

Sur le dernier Sonnet, à l'Ambitieux.

Quant à l'honneur i'espere estre immortel.

LE trãslateur de l'Iphigene, à bon droit se moque des immortaliseux d'eux mesmes, qui arrogamment se promettent immortalité, en si peu de chose que rien, & en telz argumens, les auoir leuz on n'en est ne meilleur, ne plus sauant, & qui ne sont profitables à aucun art, ou science

O 3 appren

apprendre:ne delectables sinon à leur auteurs affectionnez, & idolatres à certaines
personnes, qui ne plaisent pas tant à tout
le monde. Et aussi comme de leurs Poëmes le subiect est caduc, muable, mortel, &
perissable, ainsi seront leurs œuures sur cela fondez. Parquoy ne se fault tant promettre, ne tel guerdon, que immortalité,
pour si petite chose. Car ores qu'elle fust
tresgrande, si est ce, qu'elle ne peut estre
immortelle, tesmoignant Horace.

*Nous sommes deuz à mort : nous, & nous
œuures.*

SI ils esperent à eux aduenir, ce que Pe-
trarc a obtenu, ils se deçoiuent. Car ils
ne sont pas Petrarchz.

Et ne sont seulz en leur langue, comme
Petratch en la siéne : Veu qu'il y a plusieurs
autres Poëtes François, meilleurs & traitâs
matiere plus digne d'immortalité. Outre
ce, Petrach est renommé en sa Laure, pour
n'auoir gueres fait autre Poësie, & puis nõ
de tous, sinõ des semblablemẽt affectiõnez.

Voilà ce que i'ay briefuemẽt annoté en
discourrant ton œuure de la Defence & Illustration de la langue Françoise, assez
superficielement. Or passons à l'Oliue &
aux Sonnetz, Odes, & vers Lyriques.

QVIN

QVINTIL SVR L'OLIVE, SONNETZ,
Antérotique, Odes, & vers
Lyriques de I. D.
B. A.

SVR LE TILTRE.

Le contenu de ce liure.

Il failloit dire le contenu en ce liure.

L'ANTEROTIQVE.

Ἀντέρως, Anteros, se peult dire en François Contramour. Mais puis qu'il te plait tant Gréciser, & Latiniser en François: tu deuois dire Anterot, selon son origine, & analogie.

Sur l'Epigrâme dedicatoire.

Bien que le vœu.

TV vses par tout, sans exemple d'autorité, de ce mot Bien, concessif, ou exceptif, pour Or soit, ou Combien. Aussi en ceste trâslation de Vœu, pour dedicatiõ d'œuure, tu abuses de la propre signifiance de ce mot,

mot, vœu, qui n'est pas en acte, & chose exterieure, comme douaire ou offrade (pour lesquels par tout tu vsurpes) mais en pensée & vouloir interieur, & non au present: mais à l'auenir & ainsi en as tu abusé en l'epistre à monsieur le Cardinal du Belay.

Sur la Preface.

Ce genre d'escrire, à mon auis encore aussi peu vsité entre les Frãçois, comme elle est excellente sur toutes. Voire quasi vne Déesse entre les femmes.

CEste comparaison de la negatiue (qui rien ne pose) à l'affirmatiue cõsequente, combien qu'elle soit non conuenante: encore ie la reçoy pour vraye. Car de rien s'ensuyt rien, & du faux le faux: & comme il est faux, que ce genre d'escrire soit vsité entre les François (veu que d'autres auant toy l'ont pratiqué) ainsi n'est vray semblable qu'elle soit excellente sur toutes, ne déesse (qu'est Idolatrie) dond t'appartiendroit estre chantée la Chanson d'Archadelt:

Est il auis qu'on doiue estimer d'elle,
Plus qu'il n'y a: pour vn qui s'en contente.

Il l'a

Il l'aime bien,pource la trouue belle,
Son œil troublé d'amour trop vehemente.
Est il &c.

*I'ay esté auerty que quelqu'vn les auoit
baillez à l'Imprimeur.*

CE quelqu'vn, est toy mesme, ne te masque d'vn terme infiny & transcédent.
Car cela ne suffit à excuser les fautes.

Faire tort à ma renommée.

TA renommée est encore au nid, bien
ieune, & non assez emplumée pour
loing,& hault voler. Ce qu'elle pourra faire quelque iour, en meilleures escritures,
que ces ieunes amourettes.

*Ieter en lumiere, & donner la derniere
main.*

IL fault dire, mettre en lumiere, & mis la
derniere main.

*Quant à ceux, qui ne voudroient receuoir
ce genre d'escrire, qu'ilz appellét obscur, pource qu'ilz excede leur iugement.*

OBscur ne peult il faillir d'estre, estant
de style estrange, affecté, defiguré,

O 5 impro

impropre, escorché, bastard, ce que n'excede pas le iugement de ceux, qui cela cognoissent, & qui sauent discerner les vices des vertus : mais quant aux vers, & à la facture des Sonnetz, & Odes, ie ne say qui le trouue obscur. Si ce n'est toy mesme, qui te le fais à croire, par trop grande admiration de toy mesme, & de ton genre eleu d'escrire : qui est aussi facile, que Huitains, Sixains, & Quadrains, comme dessus est dit. Et de dire, qu'il excede leur iugement: Cela est trop peu estimé autruy, en si peu de cas.

Qui espere te rendre
Egal vn iour au laurier immortel.

Icy & par tout tu te immortalises pour rien, ce que font aussi tes consors. Mais à la verité de voz beaux liures, qui en voudra veoir, & auoir, se fault depescher d'en acheter (comme disoit Rabelais, que tu ne daignes nommer, expressement, sinon par le nom d'Aristophane) Car apres la premiere impression ne s'en fera plus. Mais de vostre immortalité cy dessus a esté assez parlé.

Sur

Sur le 3. Sonnet.

Enfle de maints gros fleuues, & ruisseaux.

CEste couppe est mal trenchée, & reprinse par toy mesme au 8. chap. du second liure.

Sur le 5. Sonnet.

*Vous a laissée (helas) qui estiez bien
La plus grand proye.*

VIce de imperialité, icy vsant de nombre plurier, & aux precedens,& suyuans de nombre singulier, à vne mesme personne,& vne mesme nature.

Le semblable vice est au Sonnet 36. & 37. sans aucun moyen, qui se trouue mal conuenant.

Sur le 8. Sonnet.

Ie mourrois cygne: ou ie meur sans mot dire.

IL n'y a point là de contrepofition (laquelle tu y affectes) Car les Cygnes meurent sans chanter, quoy que dient les fables.

Sur le 10. Sonnet.

Ces cheueux d'or.

TOut ce sonnet est de connexion mal iointe, & mal liez y sont les liens, auec le feu, & le trait. Car traitz liez ne sont nul mal, & le feu pourroit biē brusler les liens, mais plus propre eust esté faire des cheueux, la corde de l'arc: d'Amour l'archer, & des yeux les traitz, appren donq à bien figurer.

Sur le 13. Sonnet.

Que ny la fleur, qui le sommeil attrait
Ny toute l'eau d'obly, qui en est ceinte
Effaceront en mil, & mille années
Vostre figure en vn iour en moy peinte.

TV as escrit effaceroient, pour n'effaceroient suyuant la phrase Latine, ou tu ne deuois craindre à redoubler la negation, à l'exemple des Grecs, & selon le bon vsage François.

Sur le 18. & 19. Sonnet.

EN ces sonnetz continuelz suyuans, tu fais redite de reuiure & de cuyure

ure en moins de six vers & en semblable sentence, laquelle encore auec les mesmes motz tu repetes en la 5.Ode.

Sur le 20. Sonnet.

*Puys que les cieux m'auoient predestiné
A vous aymer digne obiet de celuy
Par qui &c.*

OBiet pour Subiet, argument d'escrire, icy est impropre. Car obiet est des sens exterieurs, non de l'intelligence interieure.

Sur le 24. Sonnet.

L'humeur vitale en soy toute reduite.

L'Humeur vitale, c'est mal parlé en Physicien, outre ce le genre n'y est pas gardé, ne semblablement Poulmon pour soye, au 45. Sonnet.

Sur le 47. Sonnet.

*Or que la nuit son char estoilé guyde
Qui le silence, & le sommeil rameine
Me plait lascher pour desaigrir ma peine.*

QVelles formes de parler sont-ce là? Quelle Poësie Greque ou Latine, attribuer vn char à la nuict? & quelle proprieté de desaigrir peine, pour alleger.

Sur le 48. Sonnet.

O Face d'Ange! O cœur de pierre dure, ceste contraposition est bien accordée: car aussi bien ont les Anges face, comme les pierres cœur.

Sur le 49. Sonnet.

Qui a conté les estincelles viues,
D'Aetne ou Vesuue?

Nom Boçal & Gibellin.

LEs noms presens, eussent esté mieux conuenans, que ces antiques, non entenduz, ne mesme à ceux, qui sont sur le lieu demourans.

Sur le 50. Sonnet.

*Moy que l'Amour a fait plus d'vn Leandre
De cest oyseau prendray le blanc plumage.*

SOlecisme, de moy prendray, pour ie prendray.

Dessouz mes chants voudront (possible) apprendre.

Il n'en sera rien: n'en pleurons point.

Sur

Sur L'anterotique.

Vieille, aussi vieille comme celle,
Qui apres l'onde vniuerselle:
Du iect de la pierre seconde,
Engendra la moytié du monde.

PYrrha (que icy tu designes) n'estoit pas vieille: pourtant si ancienne. Car diuerse signifiance a ancien, & vieil.

Vieille donq, plus que toy vilaine affectée cōparaison du plus à soy, qui ne peult estre, & ne tombe en figure, par laquelle se puisse excuser.

A celle du stygieux goulphre,
Ou d'vne miniere de soulphre.

Goulphre, pour Goulphe: qui vient de χόλπω, mais c'est pour venir à la ryme.

Que tout pere auare, & antique.

Mal accordé Epithete au pere gardant la chasteté de sa fille: tesmoin Erichton.

Bien infortuné deuoit estre
L'astre, sous qui tu vins à naistre.

Astre infortuné, improprieté de la cause à l'effet.

Ainsi d'amour tous les outilx,

Quoy

(Quoy qu'il s'en fache, ou qu'il en hogne)
Sont empruntez de ma mignone.

Ce vers du milieu ne sert que de cheuille au sens: & si ne tombe pas en bon ne cadence de ryme Hogne, contre mignone.

Sur les Odes, & vers Lyriques.

Sur la premiere Ode.

O, De qui la viue source, &c.

VEla braue, propre, & congru commencement. Par vn Aduerbe d'appel, ou d'inuocation, sans son cas Nominatif, ou Vocatif: & par vn Relatif sans Antecedent. Ou s'adresse ô? A quoy se rapporte qui? A loyre (diras tu) qui est sept vers apres, & deux sentences entreposées, l'antecedent suyuant son relatif, ce que rarement est trouué és Latins, tant s'en fault qu'il soit vsagier au langage François: duquel la plus grande vertu de facilité & clarté, est qu'il suit le droit ordre naturel, sans entremesler les dictions. Mais tu trouues beau de mettre la charrüe deuant les bœufz.

Toy

Toy pasteur Amphrysien
Chacun de vous garde bien.

Ce vers demeure rompu de sens, sans aucun propos precedent ne suyuant.

Sur la 4. Ode.

Nul, tant qu'il ne meure
Heureux ne demeure.

ICy est superfluement repetée la negation, ou autrepart necessaire a esté laissée. Car nul tant qu'il ne meure, est adire, tant qu'il viue par Isodynamie, ou Regle des equipollences.

Sur la 7. Ode.

I'oy la voix (ce me semble)
D'vn cornet enroué.

IL failloit dire le son. Car voix est viue yssant de la bouche de l'animant.

Tygres suspirent tous paisibles.

Contradiction en sens & parole.

Sur la 11. Ode.

Qui feit aux chiens deuorer le veneur,
Criant en vain, Ie suys vostre seigneur,

P Cela

Cela est faux. Car il ne cryoit pas estât mué en cerf muet. Parquoy seroit mieux voulant crier.

Sur la 13. Ode.

Ie hay les biens que l'on adore,
Ie hay les honneurs qui prissent.

LA premiere du verbe Hayr, qui est ie hay, tu fais monosyllabe, est de deux syllabes diuisées sans diphthonge, comme il appert par le participe hay, & l'infiny Hayr, qui sont diuisez. Et ainsi par tous ses temps, & personnes.

Les seurs du mont deux fois cornu.

C'est assez d'vne fois Car il n'a que deux croppes, & s'il estoit deux fois cornu, il en auroit quatre.

Au reste tu es trop battologic, qui en quatre fueilles de papier repetes plus de cinquante fois, Ciel, & Cieux, tellement que tu peux sembler tout celestin : semblablement tu rediz souuent mesmes choses, & paroles comme armées, ramées oyseaux, des eaux, fontaines viues & leurs riues: bois abois,

bois, Orient Arabie, perles, vignes, ormes, & telles parolles, & choses par trop souvent redites, en mesme, & petit œuvre, & quasi en mesme forme, qui tesmoignent, ou affection ou poureté. Voilà ce que i'ay breuement noté sur tes Poëmes, qui me semblent beaucoup meilleurs que la prose oraison. Et quand i'auray le loisir de voir les autres œuures ou de toy, ou de tes semblables, ie leur en diray en cas pareil mon auis, me soumettant aussi par egaleur, à leur censure, auec raison, sans iniure, calomnie, & moquerie.

A DIEV.

A' I. D. B. A.

Iamais si tost ne tarira
Claire eau de ma fontaine viue,
Que leger feu esteinct sera
De l'huyle obscur de ton Oliue.

FIN DE L'ART POETIQVE,
ET DE QVINTIL
CENSEVR.

P 2

AV LECTEVR.

AMY lecteur, pour satisfaire à tes estudes, & au grand desir, que i'ay de les auancer par tous bons moyens, ie t'ay icy mis de suite vn autre Art Poëtique François, abregé, et reduit la plus part en tables, afin que quant à ce poinct tu sois resolu en tout ce que tu y pourrois desirer. Dauantage, tu auras vn petit & elegãt Traité touchant la poinctuation de la langue Françoise, ensemble des accens d'icelle, composé par monsieur Dolet. Et en fin trouueras la Table des matieres principales & singulieres de tout cet œuure.
A Dieu.
*

Autre art Poëtique
REDVIT EN BONNE
METHODE.

✻

Onsiderant qu'il y a auiourd'huy peu de gens qui n'ayét la cognoissance, tant de la diffinition de l'art Poëtique, comme des termes en iceluy contenus, sans à ce m'arrester, procederay la declaration d'iceluy, iouxte ce que verray estre requis par son ordre. Et par ce que la poësie Françoise consiste & est fondée, partie en certaine mesure des syllabes: serons premierement mention d'icelles, & de leur vsage : apres procederons aux parties, & especes de l'art.

Des syllabes.

Nous auons à considerer en la langue Françoise deux manieres de syllabes, qui sont syllabe masculine, & syllabe feminine. Quant à syllabe masculine, c'est celle qui est aiguë, pleinement resonante aux oreilles: syllabe feminine est graue, molle, non resonante. Exemple.

Syllabe.

Masculine,	Feminine.
Aymé	Aymée
Aymoiént	Ayment
Aymér	Ayme
Bonté	Teste

Vsage d'icelles.

LA derniere syllabe feminine mise en la fin n'augmente point le vers, mesmes disons aucunefois courantz, pour courantes, mesprisant la syllabe feminine: tellement que tu vois trois syllabes de ces vers de Marot,

Linotte, bigotte, marmotte.

Lesquelles ne sont côtées que pour deux. Semblablement au milieu du vers est la syllabe feminine synalephée, c'est à dire non prononcée, comme il appert à la cinqieme du suyuant vers heroïque:

Bien soit venue aupres de pere & mere.

Et ainsi aux vers Alexandrins à la septiéme syllabe.

Ne say

DE L'ART POETIQUE. 231

Ne say ou gist Heleine en qui beauté gisoit.

Sur quoy as à noter que ne doit tomber celle syllabe au quatrieme de l'heroïque, n'au sixieme Alexandrin, sinon que monosyllabe s'ensuyue, cōmençant par voyelle.

Exemple en vers heroïques:

Puis que lame est en ce corps descendue.

Exemple en Alexandrins.

Tout ce que nature a formé & composé.

Et verras volontiers en cest e feminin vne virgule en ceste sorte ҫ, qui demonstre iceluy n'estre prononcé au vers, deuāt vne voyelle, & est dit tel signe synalephe. Apostrophe differe d'iceluy, d'autant qu'il abolist du tout sa voyelle, & se fait aux dictions suyuātes, auec vn tel signe & forme qu'icy apres verras en ceste figure, en laquelle sont premierement à dextre les dictions monosyllabes, subiectes à apostrophe, & apres vne diction commençant par voyelle, ou la lettre H, car telles dictions commençants par voyelles ou par la lettre H, causent seulement l'apostrophe.

P 4 Exemple.

Exemple.

que	qu'		
de	d'		
le	l'		auray
ne	n'		
ie	i'		
me	m'		amour
te	t'		
se	s'		
qui	qu'		homme
si	s'		

S'ensuit la syllabe auec diphthonge.

Diphthonge est vne contraction de deux voyelles en vne syllabe, comme en ceste diction naistre, A & I ne font qu'vne syllabe, & a la diphthonge son contraire, qui est diastole, car en deux voyelles elle retient deux syllabes comme haïs. icy A & I sont deux syllabes. Or sont comprins iceux diphthonges & diastoles aux dictions qui s'ensuyuent,

Dictions

Dictions ayans voyelles.

en

	iphthonge	Diastole
ai	Maistre	haïs, thaïs
oi	françois	Moyse, Loïs
ei	feit	deïté, Aeneïde
ou	tout	ouation
au	au	Iauer, Menelaus
eu	feu	Prometheus
ea	fourgeant	neant
ei	seigneur	seiour
eo	george	action, Meotide
ia	diable	diapré, diamant
ie	bien pitié	vie, terrienne
ui	puis	circuït, fuït
oë	vn foët	Noë, poëte
io	soitions	violle, opinion
eau	peaux	feaux
eu	lieu	enuieux
ei	vieil	
œu	cœur	
ço	cheoïr	véois, chéois
oie	soïent	enuoïent, ioye
œi	œil	
oui	mouillées	

P 5 Des

Des troys parties de poësie.

EN toute poësie sont troys choses necessaires, à sauoir mesure, consonance & situation.

De mesure.

MEsure est double, il y a mesure de vers & mesure de syllabes. Mesure de vers, est celle, qui nous demonstre le nombre des vers conuenans à chacune composition: mesure de syllabe, qui nous enseigne les nombres des syllabes conuenant à chaque vers, & par icelle mesure composer carmes ou vers de quelque quantité de syllabes que voulons: à sauoir depuis deux jusques à douze. Toutefois singulierement en elisons neuf formes, desquels ta baillerons exemples.

sil.	2	{ sauoir / est voir }	
sil.	3	{ qui loisir / non desir }	
sil.	4	{ vertu en heur / tient, & honneur }	
sil.	5	grison fut hedart	

{ ô combien est heureux
sil. 6 { le celeste amoureux
sil. 7 laissez la verde couleur
sil. 8 nostre amitié est seulement
sil. 10 dedans le clos de ce seul tombeau
sil. 12 cy celuy qui dit ta grace, eloquence & sauoir.

Or par ce que ceste diuersité de mesure, est distribuée selon la proprieté de la composition, à laquelle elle est appliquée, cy apres plus amplement en parlerons.

De Consonance.

Consonance, est quand eschet mesme termination d'vne ou plusieurs syllabes, en diuers carmes. Consonance a cinq especes: Equiuoque, riche, syllabe, & demie syllabe seule, & syllabe demie. Equiuoque a deux ou plusieurs syllabes, terminées en mesme son: à la fin desquelles la diction est par coniugation reprinse aux vers symbolisans.

Exemple.

En m'esbatant ie fais rondeaux en Ryme,
Et en rimant, bien souuent ie m'enryme.
Brief c'est pitié entre nous rymailleurs,
Car on en trouue assez de ryme ailleurs.

Riche

ABBREVIATION

Riche, ayant deux ou plusieurs syllabes de mesme son.

Exemple.

Pour esmouuoir le pur de la pensée
Et l'humble aussi de chaste affection,
Voile tes faitz ô dame dispensée,
A estre loin d'humaine infection.

Syllabe & demye.

Exemple.

De responsse bien certaine,
Et soubdaine,
Vous donne le doctrinal:
Pour respondre au cardinal
De Lorraine.

Syllabe seule.

Exemple.

Tes graces en fait & dit
Ont credit.
De plaire Dieu sait combien.
Ceulx qui s'y cognoissent bien
Le m'ont dit.

Syllabe seulement demye dicte, poure,

Or est Noë venu son petit trac,
Sus donc aux champs bergere de respect:

Fleute,

Prenons chacun panetiere & biſſac,
Fleute, flagcol, cornemuſe & rebec.

De ſituation.

Situation, eſt diſpoſer les vers faits des precedétes meſures & cōſonātes, iouxte la proprieté du ſubiet. Et y a double ſituation: ou elle eſt de tout les vers ou d'vne partie. Situation d'vne partie du vers ſe doit conſiderer aux repriſes des rondeaux ou ryme fratriſée, ou ryme enchainée & autres, comme apres verrons, Situation de tout le vers, eſt dite, plate, ou croiſée. Situatiō plate, eſt, quād le vers a cōſonance à ſon prochain ſuyuant, cōme en ces deux vers.
Linote.
Bigote.

Situation croiſée eſt, quand le precedent vers reſpond à la conſonance du vers non prochainement ſuiuant.

Exemple.

Laiſſez la verde couleur
O princeſſe cythereé,
Et de nouuelle douleur
Voſtre beauté ſoit parée.

Toutes autres ſituations & diſpoſitions de ryme ſont compoſées de ces deux preceden cedentes. Et par ce (comme auons dit) que l'vsage en est diuers iouxte la diuersité du subiet, te declareray les diuerses formes d'iceluy, & compositions comprinses aux termes qui s'ensuyuent.

Les termes de composition, & diuerse sa-Eture en vers François.

Chant royal, Epigramme, Sonnet, Rondeau, Balade, Cantique, vers Heroïque, Ode, Epistre, Dialogue, vers Comique, Deploration, Blason, Enigme, Plainte, Lay, & Virelay.

Declaration des figures & tables suyuantes.

Apres auoir consideré l'artifice des figures suyuantes, ce te sera chose fort legere à entendre toute mesure, consonance, & situation de quelconque forme proposée.

Et en premier lieu, les lignes demonstrẽt les vers: la liaison d'icelles auec le chiffre qui est à dextre, demonstre combien il en fault en vne chacune composition, soit epigramme, epitaphe: ou autre composition:

DE L'ART POETIQVE. 239

sition:aussi le chiffre,qui est à senestre, representé le nombre des syllabes necessaires à vn chacun vers. Sauf que quand ou à dextre ou à senestre sera située vne L, demonstrera ledit nombre de vers ou de syllabes estre au liberal arbitre du Poëte. D'auantage les lettres entresemées aux lignes demonstrent la consonance & ryme,tellement que si en plusieurs lignes tu trouues mesmes lettres,signifieront les vers presupposés par lesdites lignes, deuoir estre de mesme consonance:& si icelles lignes ont diuerses lettres, signifient varieté de consonance.Comme par exemple ie veux representer ce petit Epigramme;

Qui veult conseruer son honneur,
Voye la source de son heur.

En premier lieu, ie considere cest epigramme auoir deux vers : ie tire donq deux lignes notant le chiffre second à la liaison dextre. Aprés ie voy les precedens vers auoir huit syllabes,ie situeray donq le chiffre huitieme à la senestre. Et d'autant que les deux vers ont mesme consonance en ryme, ie marqueray de la lettre, A, les lignes representans iceux vers.

vers. Ce que tu peux facilement voir à la figure suyuante du premier epigramme.

Derechef tu vois au second epigramme que la premiere ligne conuient de lettre auec la tierce ligne, & nõ auec la prochaine: parquoy diras icelle estre ryme croysée, & ainsi des autres, reste que aux repetitions des mesmes vers, comme aux rondeaux & autres, seront notez par deux lettres les vers qui doiuent estre repetez. La premiere lettre à senestre te denotera la consonance, comme auons dit, & l'autre au costé droit, la situation du lieu, ou le vers auquel elle est marquée doit estre repeté. Parquoy quand vn vers s'offrira ainsi marqué de deux lettres, auiseras aux lignes suyuantes, & la ligne ou trouueras lettres semblables, denotera le susdit premier vers y deuoir estre repeté, & repliqué.

Exemple.

Au premier rondeau dit rondeau en triolet tu vois à la premiere ligne deux lettres, à sauoir A C, auise donq en laquelle des lignes suyuantes tu trouueras lesdites lettres A C: Et par ce que icelles sont entremises en la quatrieme ligne, concluras le vers

le vers presupposé par la premiere ligne,
deuoir estre repeté en la dite quarte ligne
A C.

Epigramme, & Epitaphe.

EPigramme & Epitaphe sont superscriptions à colloquer en quelques lieu
honnestes, mais epitaphe seulement
est propre aux sepulcres, &
sont singuliers aux
formes qui
s'ensuyuent.
*

Q   Mesu

ABBREVIATION

Mesure des

syllabes			vers
8 { a / a	consonance / consonance		} 2

8 { a/a/u/u } 4		8 { a/u/a/u/o/u/o } 8
8 { u/a/a/u } 5		10 { a/u/a/u/u/o/c/c } ?
8 { a/a/u/a/a/u } 6		10 { o/a/u/a/u/u/o/o/c } 10
10 { a/u/a/u/u/o/o } 7		

DE L'ART POETIQUE. 243

$$10\left\{\begin{array}{c}a\\u\\a\\u\\u\\o\\o\\c\\o\\o\\c\end{array}\right\}11 \quad 10\left\{\begin{array}{c}a\\u\\a\\u\\u\\o\\o\\u\\c\\c\\o\\c\end{array}\right\}12$$

Or ne veux-ie dire qu'on ne puisse alonger l'epitaphe ou l'epigrame outre 12 vers, ou le faire en autre mesure de syllabes, ou autrement situer les vers iouxte leur consonance: car cela gist à la discretion du subtil Poëte: duquel le but principal doit estre de bien suiure le sens, & garder stile solide. Mais i'ay voulu proposer la forme des plus vsitez, laquelle cognoissant facillement pourras les autres poursuiure.

Q 2 Du

Du Sonnet.

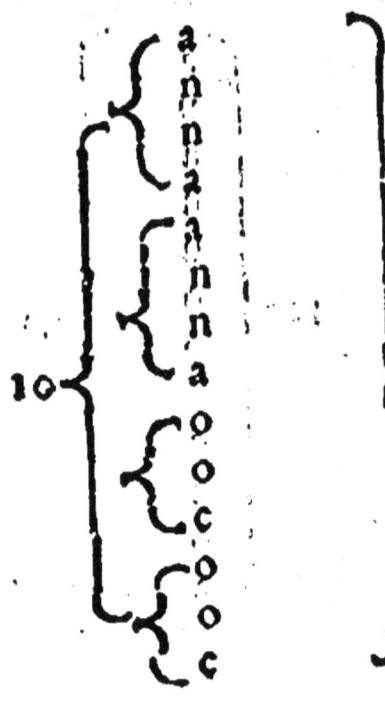

Sonet ne dif-fere beau-coup l'epigrã-me, & requiert quatorze vers: & est distingué par couplets: dõt le premier veult estre se-blable au se-cõd, les autres à plaisir.

Du Rondeau en general.

Rondeau est fait en mode circulaire, car apres son discours reuient repren-dre son commencement: & a trois cou-plets, dont apres le second & le tiers cou-plet se reprent & repete le vers premier du premier couplet, ou à demy, ou entier. Le rondeau a quatre especes, Rondeau en trio-let, rondeau simple, rondeau double, ron-deau parfait.

DE L'ART POETIQVE. 145
De rondeau en triolet.

{ a   c }
{ b   d }
{ a   }
{ a   c }
{ a   }
{ b   }
{ a   c }
{ b   d }

Rondeau en triolet veult au premier couplet & au tiers deux vers. Mais au secód n'en y a qu'vn, apres lequel se repete le premier vers du premier couplet : & apres le tiers couplet se repete tout le premier couplet, & iaçoit qu'il y ait 8 lignes, toutesfoys n'é y a que 5 vers: car les autres ne sont que reprins du j. couplet cóme il apert par les lettres de situatió.

De rondeau simple.

{ a   c }
{ b   }
{ b   }
{ a   }
{ a   }
{ b   }
{ a   c }
{ a   }
{ b   }
{ b   }
{ a   }
{ a   c }

Ródeau simple au premier & tiers couplet a quatre vers, & au secód couplet en a deux, lesquels secód & tiers couplet ensuyuét la cósonáce du premier, & reprennent le premier vers dudit j. couplet apres eux, ou par moytié ou entier.

De Rondeau double.

$$10\begin{cases} \begin{cases}a\\a\\b\\b\\a\end{cases}\\ \begin{cases}a\\a\\b\end{cases}\\ \begin{cases}a\\a\\b\\b\\a\\a\end{cases}\end{cases} \quad \begin{matrix}c\\ \\ \\ \\ \\ \\c\ \{13\\ \\ \\ \\ \\c\end{matrix}$$

Rondeau double au premier & dernier couplet a cinq vers, & au second trois, apres lequel second, & aussi apres le dernier couplet, il repete le vers du premier: côme le simple rondeau.

De Rondeau parfait.

```
     ⎧ a    c
     ⎨ b    d
     ⎩ a    e
     ⎧ b    f
     ⎨ a
     ⎩ b
     ⎧ a
     ⎨ b
     ⎩ a
     ⎧ a    c
     ⎨ b
     ⎩ a
     ⎧ b
     ⎨ a
10 ⎨ b    d
     ⎧ a
     ⎨ b
     ⎩ a
     ⎧ a    e
     ⎨ b
     ⎩ a
     ⎧ b    f
     ⎨ a
     ⎩ b
     ⎧ a    c
```

Rondeau parfait aprés le premier des coupletz requiert autant d'autres coupletz, comme ledit premier a de vers: & fault reprendre pour le dernier vers de chasque suyuant couplet, vn des vers du premier, selon son ordre.

Ainsi ayant reprins vn chacun des vers du premier couplet pour les autres coupletz accomplir, de rechef adiousteras vn autre couplet ayant autant de vers, que le p̃mier: pour apres iceluy encores repeter le premier vers du premier couplet: com-

Q 4

me aux autres Rondeaux. Et note, que tout Rondeau requiert du moins trois couroupletz, entre lesquelz le premier & le dernier fraternisent en nombre & consonance : mais le second seulement contient la moytié des autres deux predits, & en son endroit fraternise aussi auec leur moytié: & apres iceluy second & le tiers. Tousjours se fait repetition du vers premier du premier couplet, soit
à moytié, ou entier, &
icelle repetition est
dite Palino-
die.

De Balade.

Balade a trois coupletz cósonantz cóme le ródeau, & en outre vn demy couplet nommé epilogue, abregemét, ou enuoy. Tout ainsi qu'à la fin des coupletz du rondeau se repetoit le premier vers du premier couplet, aussi en la fin des coupletz de la balade sera repeté tousiours le dernier vers du premier couplet, & reprins pour le vers final d'vn chacun d'iceux coupletz. Aussi en la Balade l'enuoy fraternisera auec les derniers vers des autres coupletz: lequel enuoy commenceras par quel que nom graue, cóme Prince, ou Princesse, ou Seigneur, ou Dame, ou semblables motz.

De

ABBREVIATION
De chant Royal.

CHant Royal est semblable à la Balade, sauf qu'il a cinq coupletz, & vn enuoy, dont le couplet a onze vers, & y est propre iceluy chant Royal en choses graues & obscures, lesquelles sont le plus souuent expliquées à l'enuoy. Note, que en la figure suyuante, iaçoit que ne soit qu'vne composition, toutefois à cause de sa grandeur l'auõs mis en deux, parquoy supplieras à la situation. Pour laquelle chose faire, te fault entendre, que le signe tel ⁊ mis au dessouz de la premiere ligne en la premiere colomne, signifie icelle ligne deuoir estre attachée auec celle de l'autre ligne, que tu vois en la seconde colomne auoir vne semblable ⁊.

Item ladite ligne doit estre aussi adioustée par sa partie inferieure à la ligne du suyuant fueillet, ayant vn tel signe, *, qui est l'enuoy.

DE L'ART POETIQUE 151

Cest enuoy de chant Royal, & celuy de la Balade, obseruét proportion en leurs vers, selon les vers contenuz aux coupletz, comme vois en la suyuante figure.
Si les

Si les coupletz en ont $\begin{Bmatrix} 8 \\ 10 \\ 11 \\ 12 \end{Bmatrix}$ l'enuoy en aura $\begin{Bmatrix} 4 \\ 5 \text{ ou } 7 \\ 5 \text{ ou } 6 \text{ ou} \\ 7 \end{Bmatrix}$ (7

De Cantique, & Psalme, & chant Lyrique.

Cantique, Psalme, Ode & chant Royal peuuent estre situez en diuerse sorte: & en ce different : que Cantique, ou Psalme sont inuocations, admonitions spirituelles, & Ode, ou chant Lyrique sont declarans les affections. Note que L, signifiera, libre. S. est à sauoir, que la mesure de son subiet sera au plaisir, & liberté du composant.

Les plus vsitez.

Cantiques & Psalmes.

Hymnes & chant lyrique.

$L \begin{Bmatrix} a \\ a \\ b \\ b \\ c \\ c \end{Bmatrix}$ 6 ou L $L \begin{Bmatrix} a \\ b \\ a \\ b \\ c \\ c \end{Bmatrix}$ Les plus cours meilleurs.

Le subtil Poëte en sa composition pourra mettre coupletz, & aux coupletz des vers,

vers, & aux vers des syllabes, voire en vn seul couplet de diuerse mesure; consonance, & situation diuerse à sa discretion, sauf que chacun vers ayt consonance à quelqu'vn des autres.

Des Epistres & Elegies.

Elegie & Epistre en ce different, qu'vne epistre traite diuerses matieres, iouxte noz diuers accidens, & affaires: & Elegie traite des tristesses d'amour.

$$\text{Elegie} \qquad \text{Epistre}$$
$$10\begin{Bmatrix}a\\a\\a\\b\\b\end{Bmatrix}L \qquad L\begin{Bmatrix}a\\a\\a\\a\\b\end{Bmatrix}L$$

De Dialogue, & de ses trois especes.

Dialogue, est interlocution des personnes, & a trois especes: Dialogue en Moralité, Dialogue en Eclogue, & Dialogue en Farce, Dialogue en Moralité, est introduction allegorique de personnages pour la reformation de noz mœurs, & quelque foys par Tragedie. Dialogue en Eclogue, est in est introduction de Pasteurs, figurante ou declarante la legere mutation des choses. Dialogue en Farce, est introduction de personnes par seules recreations, & peult estre dite Comedie corrompue.

Dialogue.

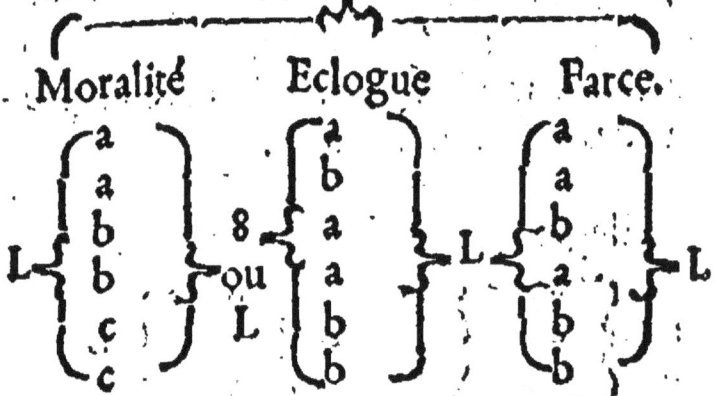

Du Coq à L'asne.

Coq à L'asne, ou bien Satyre, est composition de propos non liez, couuertement reprenant les vices d'vn chacun.

De Blason.

Blason est composition inuectiue, contenant la louange, ou vitupere d'autruy.

10 ou moins { a b b a a } Le plus abregé est le meilleur.

De diffinition & Description.

10 ou moindre { a a b a b b c c } L — Le propre de diffinition est de declarer son subiet auec sa matiere, & forme: & le but de description est seulement de declarer les qualitez du subiet, & souuent par enigme.

De Deploration.

10 { a b c a b c } L — La deploration est plainte sur quelque incōueniēt escheu, non seulement apliqué aux Elegies, ains aussi aux Epitaphes, Eclogues, & autres cōpositiōs.

De

Du Lay.

```
         ⎧ a
         ⎪ a
         ⎨ a
         ⎩ b-demy
courts ⎧ ⎧ a
       ⎨ ⎨ a
       ⎩ ⎩ a
         ⎩ b-demy
         ⎧ a
         ⎨ a
         ⎩ a
         ⎩ b-demy
```

Lay, est certaine composition de ryme plate, de laql-le les coupletz sont vnisones, côme en la balade : reste que les pcedés vers ne sont point repetez en fin des coupletz : mais les vers, qui sont la fin, ont vne mesure aux autres differente, & se respondent en consonance.

Du Virelay.

```
         ⎧ a
         ⎨ a
         ⎩ a
         ⎩ b
         ⎧ a
         ⎨ a
         ⎩ a
         ⎩ b
courts ⎧ Moytié.
         ⎧ b
         ⎨ b
         ⎩ b
         ⎩ a
         ⎧ b
         ⎨ b
         ⎩ b
         ⎩ a
```

LE virelay est semblable au Lay, sauf que du virelay les vers sont tous de mesme mesure & separe la côposition en telle sorte, qu'en la moyt.é derplere des coupletz se commence la mesme consonance, qu'en la moytié premiere il se finissent & ainsi n'ay a que deux consonances variantes aux vers faisans fin, & ainsi vi.e le virelay.

De la

De la declaration & ornement de l'art Poëtique.

Apres la diuersité de poësie, declareros la diuersité de l'ornement & decoration d'icelle, de laquelle les especes sont comprinses aux termes suyuantz: & premierement peult estre Enchainée, Senée, Concathenée, Echo, Kyrielle, Fratrisée, Annexée Couronnée, ou Couronne.

De enchainée.

Enchainée se fait par gradation, repetant au second vers la cause ou effet mentionné au premier vers.

Exemple.

Dieu des amans de mort me garde:
Me gardant donne moy bon eur:
En le me donnant prens ta garde:
En le prenant naure mon cœur.

De Senée.

Senée est, en laquelle tous les vers du couplet ou bien tous les motz d'vn vers ont commencement par vne lettre, comme aux deux vers suyuans, prins d'vn rondeau de Marot.

C'est Clement contre chagrin cloué,
Et est Estienne esueillé, enioué.

R De con

De concatenée.

Concatenée est quand par le premier vers du secōd couplet est reprins le dernier vers du premier.

De Palynode ou Kyrielle.

Kyrielle ou Palinode, est quand le vers final du premier couplet se repete à la fin des autres coupletz, comme en la balade. Et est bien seant aux chans lyriques, & Odes dond se dit Palinode.

De Annexée.

Annexée est, quand le vers suyuant se commence par le dernier mot ou syllabe du vers precedent.

Exemple.

Plaisir n'ay plus, mais viz en desconfort:
Fortune m'a remis en grand douleur:
L'heur que i'auois, est tourné en maleur:
Maloureux est, qui n'a aucun confort.

De fratrisée.

Fratrisée est semblable à l'annexée, mais elle veult le mot reprins estre tousiours entier, soit par equiuoque, ou autrement.

Exemple.

Malheureux est, qui recuse science,
Si en ce croit excuser son mesfaict,
Mais fait heureux la suyure en diligence
Diligent ce sera nommé parfaict.

De coronnée.

Coronnée est, quand les deux ou troys syllabes dernieres du vers, ont esté aussi dernieres du mot precedēt au mesme vers.

Exemple.

Louange à Dieu, aux saintz cieux precieux.

De Annexée coronnée.

Coronnée Annexée, est mesme, mais il suffist que le dernier mot se conioigne auec le precedent.

Exemple.

Les princes sont aux grandz tourriz coronnez.

De Echo.

Echo veult auoir le mot coronant dehors du vers.

Exemple.

femme. { *Respons Echo, & bien que tu sois femme,*
Qui plus accroit & decore la fame?
Qui plus horreur a de ce qu'est infame?
Qui pl⁹ craint Dieu, et abhorre blaspheme
Qui mieux nourrist ce q̃ foiblesse affame?
Malheureux donq est celuy qui diffame.

DE L'EXCELLENCE de la poësie Françoise.

Combien que ce discours peult suffire à ceux, qui sont de telle & si prompte viuacité d'esprit, qu'ils comprennent toutes choses à la seule description d'icelles, tant soit elle brieue & compendieuse : aussi que mon dessein est non d'eplucher & poursuiure amplement tout ce qui se pourroit dire de l'art poëtique : mais seulement comprendre en brief, & peindre comme en vn tableau les rudes & premiers traitz de la poësie : Toutefois cõsiderant la faueur, que les Muses font aux François, il m'est venu

en la

en la pensée de monstrer l'excellence d'iceux, principalement en poësie. Ie say bien & le croy que nul bien né, & institué és sciences dignes d'vn noble cœur le voudra nier, qu'il n'est rien plus royal, plus excellent, plus magnifique, que la poësie. Laquelle a esté en telle dignité enuers les anciens, qu'ilz ne souffroient qu'elle fust souillée par le vulgaire: Mais les plus nobles cõme Roys, Prophetes, grandz prestres, & Philosophes la traitoient si dignement, qu'elle estoit admirée & presque adorée de tous. Qu'est il besoin de reciter comme la Philosophie a esté premierement chantée par les poëtes, qu'ils ont enseigné la maniere d'honorer Dieu les Roys, Princes, & autres dignes de louäge? Ie ne parleray d'Orphée Musée, Hesiode, Homere, Pindare, Empedocle, Virgile, Lucrece, Horace, & aussi infinis autres Grecs, Latins & Italiens: car i'ay deliberé de parler vne autrefois plus amplement de l'excellence des estrangers: maintenant ie diray seulemẽt de noz François, lesquels (ie dy sans flaterie) commencent à piller l'honneur des anciens, approchans si pres du souuerain degré de la gloire poëtique, que ie puis esperer (& n'est mon esperance vaine) les voir faire honte aux anciens: auxquelz par cy deuant a esté

facile

facile de vaincre ceux qui ne leur resistoient. Mais Ronsard, en ses Odes, le Caron en son Demon & Odes, monstrent desia que la poësie Françoise est digne de philosophie: Laquelle nous verrons plus clairement chantée par le Caron en ses second & tiers liures de Poësie, qui sont tous Platoniques, enrichis des histoires de Pausanias. Encores nous pouuons voir combien est grande la dexterité des François. Car non seulement ils excellent sur les nations Italiennes, Espagnoles & autres, qu'vn Grec appelleroit Barbares, en douceur & nayueté de ryme, grace d'escrire, abondance d'inuentions, richesse de motz & epithetes: mais aussi ils commencent ia à monstrer aux Grecs & Latins comme ils peuuent bien mesurer vn carme: & comme ils depouillent les Italiens & Espagnolz du larcin qu'ils leur ont faict, s'appropriantz iniustement la ryme, qui est inuention Françoise: aussi ils commencent à adapter en leur langue les piedz & mesures des Grecs & Latins. Et n'est esmerueillable, que si tard les François ont receu tels genres de carme: car la liberté & franchise d'iceux ne se pouuoit asseruir à la contrainte des mesures: ains se plaisantoit d'vne gayeté de ryme, laquelle a ie ne say quoy de gracieux,

cieux, qui remplit de sa douceur l'oreille, nous auons des carmes merusez à la forme des elegiaques Grecs & Latins, que deux excellents poëtes de nostre aage Iodelle & le conte d'Alsinois ont escritz. Celuy de Iodelle est vn distique tel:

Phebus, Amour, Cypris, veult sauuer, nourrir
  & orner,
Ton vers, cœur, & chef, d'ombre, de flamme, de fleurs.

Tel est l'hexastique du Conte:

Voy de rechef, ô alme Venus, Venus alme rechanter,
  Ton loz immortel par ce poëte sacré.
Voy de rechef vn vers animé, vers digne de
  ton nom,
Vers que la France reçoit, vers que la France lira:
Et fay qu'en resonant ton loz il puisse de ses
  vers,
Par ta benigne faueur vaincre la force
  d'Amour.

Ils peuuent estre scandez comme les latins en ceste sorte. Phebus A, dactyl. mour Cy, spondée. prins veult, spó. sauuer, spon. nourrir &, dact. orner, spond.
Ton vers, spon. cœur &, spon. chef d'om, spon. bre de flam. anapæste. me de fleurs, anapæst.

Ou auecque couppe.

Ton vers cœur & chef.couppe.d'ombre de dact.flamme de.dact. fleurs. couppe. Ainsi des autres. Toutesfois en elegies le seigneur de Ronsard n'vse de telz carmes, ains entrelace les Alexandrins comme hexametres auec ceux qui sont de dix syllabes, comme Pentametres de mesme Rythme, & le Caron en Epigrammes fait symbolizer les Alexandrins tousiours de Rythme masculine & les dizains de feminine. Aussi le conte d'Alsinois a escrit deuant le liure du seigneur Pasquier des hendecasyllabes Phaleuces, desquelz i'en reciteray aucuns & les mesureray.

Encor' France se veult trauailler en vain,
En vain France se veult trauailler encor
A chāter de l'Amour, à chanter vn Dieu.

Encor.spond.France se. dact.veult tra.trochée.vailler.troch.en vain.troch.Il est d'onze syllabes.

Ie say que le seigneur Caron a fait quelques Odes Saphiques, mais par ce qu'elles ne sont encores mises en lumiere, ie ne les reciteray : Seulement vous auertiray qu'il n'y a aucune façon de carmes qui ne puisse estre en l'vsage de la poësie Frāçoise, aussi bien, ou plutost mieux qu'elle n'a esté en Grece ou à Rome. Toutefois il fault attendre la

dre la souueraine main de quelque grand
Poëte, lequel marchant d'vn plus grand
stile passe les traces communes de la vulgaire Rythmaillerie de ces farceurs courti-
sants, & que de plus grand' alaine il chante
vn iuste poëme, lequel estant receu & ap-
prouué, sera l'exemplaire, pour façonner
les reigles des pieds, mesures, & syllabes.
Ce pendant ie prieray les excelletz espritz
de la France de continuer à l'illustration
& embellissement de nostre langue, leur
presentant ce Sonnet:

Sonnet.

L'Immortel bruit, qui voz noms eternize,
   Ia triomphant sur la gloire des cieux,
   Promet vn heur à voz chantz gracieux,
Que de ses raiz Apollon favorise.
C'est luy, c'est luy, qui la faconde prise,
   Et enchassant au temple precieux
   Du saint troupeau de voz biens soucieux
Pour vous la France en toutz honneurs
   maistrise.
Diuin Ronsard, le Delien Iodelle,
   L'heureux Bellay, et celuy qui d'vne elle,
   Du Cygne doux lamente ses erreurs,
Graue Caron, Sibillet & le Conte,
   Aux anciés par voz chantz faites honte,
   Authorisez voz Delphiques fureurs.

DE LA POIN-
CTVATION DE LA
LANGVE FRAN-
COISE.

par Dolet

I TOVTES lāgues generalement ont leurs differences en parler, & escriture, toutesfois, & non obstant cela, elles n'ont qu'vne poinctuation seulement: & ne trouueras, qu'en icelle les Grecs, Latins, François, Italiens, ou Espagnolz soient differés. Donc ie t'instruiray brieuement en cecy. Et pour t'y bien endoctriner, il est besoing de deux choses: l'vne est que tu cognoisses les noms, & figures des poincts; l'autre que tu entendes les lieux, o u il les fault mettre.

Quan

Quant aux figures, elles sont telles qu'il s'ensuit, ou en ceste sorte,

1 ,
2 :
3 .
4 ?
5 !
6 ( )

1 Le premier poinct est appellé en Latin incisum : & en François (principalement en l'Imprimerie) on l'appelle vn poinct à queuë, ou virgule : & se souloit marquer ainsi |

2 Le second est appellé en Grec comma : & les Latins ne luy ont baillé autre nom. Mais il fault entendre, que toutes ces sortes de poinctuer n'ont leur appellation, & nom, à cause de leur forme, & marque, ains pour leur effect, & proprieté.

3 Le tiers est dict par les Grecs colon, en Latin on l'appelle punctum : & en l'Imprimerie on l'appelle vn poinct, ou vn poinct rond. Toutesfois quant à l'efficace il n'y a pas grand' difference entre colon, & cōma : sinon que l'vn (qui est comma) tient le sens en partie suspés : & l'autre (qui est le colon) conclud la sentence. Par ainsi on pourroit dire, que le colon peult comprendre plusieurs

fieurs comma, & non pas le comma plufieurs colon.

Si en cest endroit quelque maling detracteur veut dire, que i'enten mal ce que les Grecs appellent comma, & colon: ie luy respon, que combien que les Grecs ayent appellé comma, ce que i'appelle vn poinct à queuë, & que dudict comma ie marque vn colon, & que le constitue vn colon pour fin de sentence, certainement ie n'erre en rien. Car les Latins interpretent comma pour incisum: & si les Grecs le prennent pour incision de locution, ie le veux prendre pour incision de sentéce, c'est à sçauoir pour sentence moyenne, & suspendue: & le colõ pour sentence finale de periode. Ie dy cecy, pour obuier aux maldisans, & calomniateurs: desquelz il est au temps present si grand nombre, que si vn homme d'esprit s'arrestoit à eux, il ne composeroit iamais rien: mais mon naturel est tel, que ie n'ay autre passetemps, que de telz folz.

4 Le quart est nommé par les Latins interrogans: & par les François, interrogant.

5 Le quint differe peu du quart en figure: toutesfois il se peut appeller admiratif, & non interrogant.

6 Le sixieme est appellé parenthese: & est double, comme lon peut voir par ses deux

petis

LA POINCTVATION
petis demis cercles. ( )

Or puisque tu cognois leurs noms & figures, ie te veux maintenant monstrer familierement, quelz lieux ilz doiuent auoir en nostre parler, & escriture: & te prie y vouloir entendre: car vne poinctuation bien gardée, & obseruée, sert d'vne exposition en tout œuure.

Premierement il te faut entendre, que tout argument, & discours de propos, soit oratoire, ou poëtique, est deduict par periodes.

Periode. Periode est vne diction Greque, que les Latins appellent *clausula*, ou *comprehensio verborum*: c'est à dire, vne clausule, ou vne comprehension de paroles. Ceste periode (ou autrement clausule) est distinguee, & diuisee par les poincts dessusdicts, & communemét ne doit auoir que deux, ou trois membres, car si par sa lõgueur elle excede l'alaine de l'homme, elle est vicieuse. Si tu en veux auoir exemple, ie te va forger vn propos, ou il y aura trois periodes: dedans lesquelles tous les poincts, que ie t'ay proposez, seront contenus: & puis ie te declareray par le menu l'ordre, & la cause d'vn chacun. Or mon propos sera tel:

L'Empereur cognoissant que paix valoit mieux que guerre, a faict appoinctement

ment auec le Roy:& pour plus confermer
ceste amitié, allant en Flandres il a passé
(chose non esperee) par le Royaume de
France:ou il a esté receu en grād honneur,
& extreme ioye du peuple. Car qui ne se
resiouyroit d'vn tel accord?qui ne loueroit
Dieu de voir guerre assopie,& paix regner
entre les Chrestiens ? O que long temps
auons desiré ce bien! ô que bien eureux
soient ceux,qui ont traicté cest accord!que
maudicts soiēt, qui tacherōt de le rompre!

Au premier periode, qui se commence
(l'Empereur cognoissant) ie te veux monstrer l'vsage du poinct à queuë, du comma,
de la parenthese, & du poinct final, autrement dict point rond. Le poinct à queuë *Poinct à*
ne sert d'autre chose,que de distinguer les *queuë.*
dictions,& locutions l'vne de l'autre:& ce
ou en adiectifs, substantifz, verbes, ou ad-
uerbes simples, ou auec adiectifs ioincts
aux substantifs expressément:ou auec adiectifs gouuernans vn substantif:ou auec verbes regissans cas:ce que nous appellons lo-
cutions.Exemple de l'adiectif simple, Il est
bon, beau, aduenant, ieune, & riche. Ne
vois tu pas, que ce poinct.,. distingue ces
dictions bon,beau, aduenant, ieune,& riche? Exemple du substantif simple, Il est
plein de grand' bonté,beauté,adresse, ieunesse

nesse, & richesse. Exéple du verbe simple, Il ne fait rien que manger, boire, & dormir. Exemple de l'auerbe, Il a fait cela prudémment, courageusement, & eureusement. Exemple de l'adiectif ioinct au substantif, Il est de grand courage, de prudence singuliere, & execution extreme. Exéple de l'adiectif gouuernant vn substantif, Il a tousiours vescu bien-seruant Dieu, secourāt ses prochains, & n'offensant personne. Exemple du verbe regissant cas, C'est chose louable de bien seruir Dieu, secourir ses prochains, & n'offenser personne.

Voila des exemples, pour te monstrer clairement l'vsage de ce poinct à queuë. Il a pareillement tel vsage en la langue Latine. Deuant que venir aux autres poincts, ie te veux auertir, que le poinct à queuë se
Ou, met deuant ce mot, ou: semblablement de-
Et. uant ce mot, &. Exemple de ce mot, ou, Sot, ou sage qu'il soit, il me plait. Exemple de ce mot, &, Sans sçauoir, & bonne vie, l'homme n'est point à priser. Or entenmaintenāt, que ce mot, ou, aussi ce mot, &, sont aucunesfois doubles: & lors au premier membre il n'y eschet aucun poinct à queuë. Exemple de, ou. Soit ou par mer ou par terre, le Roy est le plus puissant. Exemple de, &. Il a tousiours esté constant

& en

& en bonne fortune, & en mauuaise.

Ie veux maintenant parler du comma, *Comma.* lequel se met en sentence suspendue, & non du tout finie : & aucunesfois il n'y en a qu'vn en vne sentence, aucunesfois deux ou trois. Exemple, Il est bon de n'offenser personne: car il n'est nul petit ennemy : & chacun tache de se venger, quand il est offensé.

Quant à la parenthese, c'est vne interposition, qui a son sens parfaict : & pour son interuention, ou detraction elle ne rend la clausule plus parfaicte, ou imparfaicte. *Parenthese.* Exemple, Allant en Flandres, il a passé (chose non esperee) par le Royaume de France. Oste la parenthese, le sens sera aussi parfaict, que si elle y estoit: ce qui est facile à cognoistre. Enten aussi, que la parenthese peut auoir lieu par tout le discours de la periode : sinon au commencement, & à la fin. D'auantage il est à noter, que deuant, ou apres la parenthese, il n'y eschet aucun poinct à queuë, ou final. Et dedans y en eschet aussi peu: si ce n'est vn interrogant, ou vn admiratif. Exemple du premier, Si ie peux iamais auoir puissance, ie me vangeray d'vn si vilain tour (en doy ie faire moins?) & luy donneray à entendre, qu'il me souuiét d'vne iniure dix ans apres

qu'elle m'est faicte. Exemple du second,
Estant le plus fort en toutes choses, il fut
vaincu (quel hazart de guerre!) & tost
apres fut vainqueur, seulemét par prudéce.

Sans aucune vigueur de parenthese on
trouue quelque fois vn demy cercle en ceste sorte) ou ainsi] & cela sa faict, quand
nous exposons quelque mot, ou quãd nous
glosons quelque sentence d'aucun Auteur
Grec, Latin, François, ou de toute autre
langue.

On trouue aussi ces demis cercles aucunesfois doublez:& ce sans force de parenthese. Ilz se doublent donc ainsi [ ] ou
ainsi ⟨ ⟩. Et lors en iceux est comprinse
quelque addition, ou exposition nostre, sur
la matiere que traicte l'Auteur par nous
interpreté. Mais le tout (comme i'ay dict)
se fait sans efficace de parenthese. Lisant
les bõs Auteurs, & bien imprimez, tu pour
ras cognoistre ma traditiue estre vraye.

Poinct final. Quant au poinct final, autrement dict poinct rond, il se met tousiours à la fin de la sentence, & iamais n'est en autre lieu: & apres luy on commence voluntiers par vne grand lettre.

Interrogant. Au demeurant, il n'y a que deux poincts: c'est l'interrogant, & l'admiratif: & l'vn, & l'autre est final en sens: & peut auoir plusieurs

sieurs en vne periode.

L'interrogant se fait par interrogation pleine, adressée à vn, ou à plusieurs, tacitement, ou expressément. Exemple, Qui ne se resiouyroit d'vn tel accord? qui ne loueroit Dieu de voir guerre assopie, & paix regner entre les Chrestiens?

L'admiratif n'a si grand vehemence : & eschet en admiration procedante de ioye, ou detestation de vice, & meschanceté faicte : il conuient aussi en expression de souhait, & desir. Brief, il peut estre par tout, ou il y a interiection. Exemple. O que long temps auons desiré ce bien! ô que bien-eureux sciét, qui ont traicté cest accord! que maudicts soient, qui tacheront de le rópre! A tant te suffira de ce que i'ay dict des figures, & collocations de la poinctuation. Ie sçay bien que plusieurs Grámariens Latins en ont baillé d'auantage: mais tu ne te dois amuser à leurs resueries.

La collocation de l'admiratif.

Et si tu entens, & obserues bien
les reigles precedentes, tu
ne faudras à docte-
ment poin-
ctuer.

S 2   LES

LES ACCENS
DE LA LANGVE
FRANCOISE.

Vsage des accens.

ES GENS doctes ont de couſtume de faire ſeruir les accens en deux ſortes : l'vne eſt en pronontiation, & expreſsion de voix : expreſsion dicte quantité de voyelle: l'autre en impoſition de marque ſur quelque diction.

Du premier vſage nous ne parlerons icy aucunemēt: car il n'en eſt point de beſoin. Et d'auantage il a moins de lieu en la langue Françoiſe, qu'en toutes autres: veu que ſes meſures ſont fondees ſur ſyllabes, & non ſur voyelles: ce qui eſt tout au rebours en la langue Greque, & Latine.

Quant à l'impoſition de marque (qui eſt le ſecond membre de l'accēt) i'en diray en ce traicté, ce qu'il en faut dire brieuement, & priuément, ſans aucune oſtétation de ſçauoir, & ſans fricaſſée de Grec, & Latin:

l'ap

l'appelle fricassée, vne mistion superflue
de ces deux langues: qui se fait par sottelets
glorieux, & non par gens resolus, & pleins
de bon iugement. Venons à la matiere.

En la langue Françoise sur toutes lettres
il y en a deux, qui reçoiuét plus accent, que
les autres : C'est asçauoir, a, & e. De ces
deux nous parlerons par ordre.

La lettre dicte, a, se trouue en trois sortes communement en nostre langue Fran *En Fran-*
çoise. Aucunesfois elle est vn article du da- *çois diuer-*
tif: car le datif Latin est exposé en François *sement.*
par ledict article. Exéple. *Dedi Petro, quod
ad me scripseras.* I'ay baillé à Pierre ce que
tu m'auois escrit.

Aucunesfois est preposition seruante à
l'accusatif cas: & vaut autant, comme, ad,
en Latin: Exéple, *Rex ad Imperatorem scripsit, tutam ei viam in Flandriam per Galliā
patêre.* Le Roy a escrit à l'Empereur, que
la passage luy estoit seur par France, pour
aller en Flandres.

Aucunefois aussi ceste particule, a, signifie autant en François, que, *habet*, en
Latin. Exéple, *Habet omnia, quæ in oratore
perfecto esse possunt.* Il a toutes choses, qui
peuuét estre en vn orateur parfaict. Autre
exemple, *Occidit illum nefarié.* Il l'a tué me-
chamment. Telle est la langue Françoise

S 3 eniau

en aucunes locutions: ou pour vn mot Latin il y en a deux François: comme, Respõdit, Il a respõdu. *Cantauit*, Il a chanté. *Scripsit*, Il a escrit, *Fuit*, il a esté. En ces locutiõs ce mot, a, est prins diuersemẽt, Car il est de significatiõ possessiue, actiue, ou tẽporele. Exẽple de la possessiue, *Multas diuitias habet*, Il a plusieurs richesses. Exẽple de l'actiue, *Cantauit*, Il a chanté. Exẽple de la temporele, *Fuit*, Il a esté. Quant à la duplication des mots pour vn seul Latin, cela se fait seulement en la signification actiue, & temporele de ceste diction, a. Exemple, *Cantarunt*, Ilz ont chanté. *Fuerunt*, Ilz ont esté. Et par cela tu peux cognoistre, que la langue Latine comprẽd plus que la Françoise: ce qui n'auient pas en toutes choses.

Note donc, que quand, a, est article, ou preposition, il le faut signer d'vn accẽt graue en ceste sorte, à, Et ainsi signent les Latins leurs prepositiõs: c'est asçauoir, à, & è. Mais quand, a represente ce verbe Latin, *habet*, il n'a point d'accent. Lors aucuns l'escriuent auec vne aspiration, ha: ce qui me semble superflu: toutesfois ie remez cela à la fantasie d'vn chacun. Note aussi, que quand il est de signification actiue, ou temporele (comme i'ay demõstré) il ne reçoit point d'accent.

la let

La lettre appellée, e, a double son, & pro-   é
lation en François. La premiere est dicte *Masculin*
masculine, & l'autre feminine. La masculine est nōmee ainsi, pource que, é, masculin
a le son plus viril, plus robuste, & plus fort
sonnant. D'auantage, il porte sur soy vne
virgule vn peu inclinée à main dextre, com
me est l'accent appellé des Latins aigu,
ainsi, é. Exemple, Il est homme de grand'
bonté, priuauté, & familiarité : plus, il dit
tousiours verité. Autre exēple, Apres qu'il
eut bien mangé, banqueté, & chanté, il vou
lu estre emporté de là : & puis fut couché
en vn bon lict : mais le lendemain matin
apres estre desiuné, il se trouua bien eston-
né, & fut frotté, & gallé de mesmes par vn
tas de rustres, qui ne l'aymoient gueres.
Voyla deux exemples de la termination
masculine.

  Maintenant il te fault noter diligemment deux choses. C'est que ceste lettre, é,
estant masculine, iamais ne vient en collision : c'est à dire, qu'estant deuant vn mot
commençant par voyelle, elle ne se perd
point. Exēple, Il a esté homme de bien tou
te sa vie : & n'a merité vn tel outrage.

  En apres il fault entendre, que ceste lettre, é, est aussi bien masculine au plurier
nōbre, qu'au singulier. Et ce tant en noms,
S 4   qu'en

qu'en verbes. Exemple des noms, Les iniquités, & meschancetés, desquelles il estoit remply, l'ont conduit à ce maleur. Autre exemple, Toutes voluptés contraires à vertu, ne sont louables.

Ie te veux auertir en cest endroit d'vne mienne opinion, qui est, que le, é, masculin en noms de plurier nōbre ne doit receuoir vn, z, mais vne, s, & doit estre marqué de son accēt, tout ainsi qu'au singulier nōbre.

Tu escriras donc voluptés, dignités, iniquités, verités, & non pas voluptéz, dignitéz, iniquitéz, veritéz : ou sans é marqué auec son accēt aigu, tu n'escriras voluptez, dignitez, iniquitez, veritez.

Car, z, est le signe de, é, masculin au plurier nombre des verbes de seconde personne : & ce, sans aucun accent marqué dessus. Exéple, Si vous aymez vertu, iamais vous ne vous adonnerez à vice, & vous esbatrez tousiours à quelque exercice hōneste. Autre exemple, Si vous estiez telz, que vous dictes, vous ne dechasseriez ainsi les vertueux. Sur ce propos ie sçay bien, que plusieurs non bien cognoissans la virilité du son de le, é, masculin, trouueront estrange, que ie repudie le, z, en ces mots, voluptés, dignités, & autres semblables. Mais s'ilz le trouuent estrange, il leurs procedera d'ignoran gnorance, & mauuaise coustume d'escrire: laquelle il conuient reformer peu à peu.

Outre ce qui est dict, sache, que, é, de pronontiation masculine ne se met seulement en fin de diction : mais aussi deuant la fin. Exemple, Iournée, renommée, meslée, assemblée, diffamée, affolée : & autres mots, qui se forment du masculin en feminin : cōme est despité, despitée : de courroucé, courroucée : de suborné, subornée : & semblables dictions, tant au singulier nombre, qu'au plurier, Exemple de plurier, Contrées, iournées, assemblées, menées.

L'autre pronontiation de ceste lettre, e, est feminine, c'est à dire de peu de son, & sans vehemence.

  e
Feminin

Estant feminine, elle ne reçoit aucun accent. Exemple, Elle est notable femme, de bonne vie, de bonne rencontre, & autant prudente, & sage, que femme, qui se trouue en ceste contrée.

Note aussi, que quand ceste lettre, e, est feminine, elle est de si peu de force, que tousiours elle est mangée, s'il s'ēsuit apres elle vn mot cōmençant par voyelle. De là ont leur origine les figures appellées Synalephe, & Apostrophe. Entre lesquelles figures il y a aucune differēce, comme nous demonstrerons maintenant.

Apostrophe.

S 5   Li

Synale-
phe.
La figure, que nous appellons synalephe, ou collision, oste, & mange la voyelle
en proferant seulemét, & non en escriuant:
car ladicte voyelle se doit escrire. Exemple en prose, I'ay esperáce en luy, & me fie
en la gráde amour, & largesse extreme, de
laquelle il vse enuers tous gens sçauãs. En
cest exemple, la derniere lettre d'esperáce,
fie, gráde, largesse, laquelle, vse, se perd en
proferãt, à cause des autres mots ensuiuãs,
qui commécent pareillement par voyelle.
Mais non obstant la collision, il fault escrire tout au long, tant en prose, qu'en vers.

    Exemple en ryme:

Tu es tant belle, & de grace tant bonne,
Qu'à te seruir tout gentil cœur s'adonne.

    Necessairement en ce mot, belle, le der-
nier, e, est mangé: ou autrement le vers seroit trop long. Et les Factistes, qui composent ryme en langage vulgaire, appellent
Couppe fe- cela couppe feminine: c'est à dire abolition
minine. de, e, feminin, qui rencontre vne autre
voyelle par laquelle il est aboly apres la
quatrieme syllabe du vers. De cecy ie parleray plus amplement en l'art poëtique.

    Cedict, e, feminin, est aucunesfois autre-
Apostro- ment mangé par apostrophe: or l'apostro-
phe. phe oste du tout la voyelle finale de ce, qui
precede la voyelle du mot ensuiuãt: & fait
qu'elle

qu'elle ne s'escrit, ne profere aucunemēt: & suffit, que seulement on la marque au dessus, par son petit poinct. Deuant que de t'en bailler exemple, ie t'auerti, qu'apostrophe eschēt principalement sur ces monosyllabes, ce, se, si, te, me, que, ne, ie, re, le, la, de. Et cōbien, q̄ les François n'ayēt de coustume de signer ledict apostrophe, si en vsent ilz naturelement: principalement aux monosyllabes dessusdicts, quand le mot ensuiuāt se commence semblablement par voyelle.

Et si d'auanture il se cōmence par, h, cela n'empesche point quelque fois l'apostrophe: car nous disons, & escriuons sans vice, l'hōneur, l'hōme, l'humilité: & non le honneur, le homme, la humilité. Au contraire nous disons sans apostrophe le haren, la harengere, la hauteur, le houzeau, la housse, la hacquebute, le hacquebutier, la hacquenée, le hazard, le halecret, la halebarde. Et si ces mots se proferent sans grande aspiration, la faute est enorme. De laquelle faute sont pleins les Auuergnats, les Prouuençaux, les Gascons, & toutes les prouinces de Languedoc. Car pour le haren ilz disent l'aren: pour la harengere, l'arengere: pour la hauteur, l'auteur: pour le houzeau, l'ouzeau: pour la housse, l'ousse: pour la honte, l'onte: pour la hacquebute, l'aquebute:

bute: pour la hacquenée, l'acquenée : pour le hazard, l'azard : pour le halecret, l'alecret : pour la halebarde, l'alebarde. Et non seulement (qui pis est) font ceste faulte au singulier nombre de telles dictions : mais aussi au plurier. Car pour des harens, ils disent des arens : pour les hacquenées, les acquenées : pour mes houzeaux, mes ozeaux: pour il me fault, ou ie me va houzer, il me fault ouzer. Or ie laisse le vice de ces nations, & reuien à ma matiere.

Exemple de, ce. C'est grand' folie, de prédre pied à ses paroles. Sans apostrophe il faudroit dire : Ce est grand' folie. Enten toutesfois, que souuent ce mot, cest, n'a point d'apostrophe : comme quand nous parlons ainsi, Cest œuure est digne de louange. Cest hóme n'est pas en son bon sens. Cest Aleman est trop glorieux.

Exemple de, se. S'auenturant de passer la riuiere à pied, il s'est noyé. Pour se auenturant : & pour, il se est noyé. Note icy, que non seulement ceste diction, se, reçoit apostrophe : mais aussi ces mots la reçoiuent: c'est asçauoir, son, mon, ton. Et par cela nous disons m'amie, pour mon amie : & m'amour, pour mon amour : & t'amour, pour ton amour : & s'amour, pour son amour. Et vsons de tel parler tant en prose, qu

se, qu'en ryme : mais plus souuét en ryme.
Et aussi m'amie, & m'amour, sont dictions
plus vsitées, que les deux autres.

Exemple de, si: S'il estoit possible, ie voudroie bien faire cela. Pour, si il estoit possible. Toutesfois tu ne verras gueres, qu'il reçoiue apostrophe auec autre mot, que ce mot, il. Exemple de toutes autres voyelles. De la voyelle, a: Si audace estoit prisée, chacun seroit audacieux. De la voyelle e: Si eloquence est en luy grande, ce n'est de merueille: car il a vn esprit merueilleux: & puis il estudie continuellement en Ciceron. De la voyelle, i : Si ignorance vient à regner, tout est perdu. De la voyelle, o: Si orgueilleux est vn hôme, ie ne le peux frequenter. De la voyelle, u : si vn hôme diligent peult paruenir à richesses, i'espere quelque iour estre riche. En tous ces exéples ie confesse que l'apostrophe y peult escheoir : mais auec apostrophe le parler sera plus rude, q̃ sans apostrophe. Ce que peult facilemét iuger vn hôme d'oreilles delicates. I'excepte tousiours les licéces poëtiques, & les laisse en leur entier. Car vn Poëte pourra dire (à cause de sa ryme) s'audace, s'eloquence, s'ignorance, s'orgueil, s'vn homme.

D'auantage, il te conuient sçauoir, que ceste particule, si, est aucunesfois côditionnale,

nale, ou demonstratiue: & lors elle peult receuoir apostrophe, comme tu as veu aux exéples precedens. Aucunesfois elle se met pour tant, ou tát fort. Et lors elle ne reçoit aucune apostrophe. Exemple, Il est si ambitieux, si enuieux, si iniurieux, si outrageux, que personne ne le peut comporter. Autre exemple, Ce lieu est si ombrageux, que le fruict n'y peult meurir. C'est à dire, tant ambitieux, tant enuieux, tát iniurieux, tant outrageux, tant ombrageux. Alors garde toy de l'apostropher: car il n'y auroit rien si aspre en prolatió, que dire s'ambitieux, s'enuieux, s'iniurieux, s'outrageux, s'ombrageux.

Tel est l'vsage de ceste particule, ni: Car elle ne reçoit pas bonnement apostrophe, si elle se rencótre deuant vn mot commen çant par voyelle. Exéple, Ie ne vey iamais ni Amboise, ni Anuers, ni Italie, ni Orleàns, ni ombrage en ce cháp. En toutes ces locutiós l'apostrophe seroit indecéte, & lourde.

Exemple de, te: Ie seroie marry de t'auoir offensé. Il t'eust bien recompensé, si tu eusses fait cela. Il t'interrogue: Il t'outrage: Il t'vse ta robbe. Pour de te auoir: Il te eust: il te interrogue: il te outrage: il te vse.

Exemple de, me: Il m'assault. Il m'entend bien. Il m'irrite. Il m'outrage. Il m'vse tous
mes

mes habillemens. Pour, il me assault: il me entend bien: il me irrite: il me outrage: il me vse.

Exemple de, que: C'est bône chose qu'argent en necessité. Qu'est ce que richesse sans santé? Il fault, qu'il s'y trouue. O qu'orgueil est desplaisant à Dieu! Il n'est sçauoir qu'vsage ne surmonte. Pour, que argent: que il se trouue: que orgueil: que vsage.

Exéple de, ne: Ie n'ay que ce vice. Il n'est rien si sot. Il n'ignore celà. Celà n'orne point le parler. Ie n'vse iamais de parfums, Pour ie ne ay: il ne est: il ne ignore: cela ne orne. Ie ne vse.

Exéple de, ie. I'ay tousiours peur des calomniateurs. I'enten bien que tu demádes. I'interpreteray ce liure de Ciceron. Ie te dóneray à entédre, comme i'ouy cela de luy. I'vse souuét de telles figures. Pour ie ay: ie enten bien: ie interpreteray: ie ouy: ie vse.

Exemple de, re: Il fault r'assembler ces pieces. Ie te r'enuoye ton seruiteur. Il seroit bon de r'imprimer tes œuures. Il fault r'ouurir ce cofre: il seroit bon de r'ombrager ce ply. Pour reassembler: reenuoye: reimprimer, reouurir, reombrager. Et note que, re, signifie de rechef.

Exemple de, le: L'auoir n'est rien en vn homme, s'il n'a vertu. L'entendement trop

soudain

soudain, ne fait pas grand fruict. L'interpreteur de cecy ment. L'orgueil de luy me desplait. L'vsage de tel art est faux. Pour le auoir: le entendement: le interpreteur: le orgueil: le vsage.

Exéple de, la: L'amour est bonne, quand elle est fondée en vertu. L'enfance de luy a esté terrible. L'interpretation de ce lieu est difficile. L'outrecuidance est grãde. L'vsance est telle. Pour la amour: la enfance: la interpretation: la outrecuidance: la vsance.

Exemple de ce mot, de: C'est grãd' charge d'auoir tant d'enfans. Par faute d'entendre le Grec, il a failli. Cela part d'inuention bien subtile. Ceste responfe est pleine d'orgueil, & outrage. Par faute d'vser de bon regime, il est retombé en fieure. Pour, de auoir : de entendre : de inuention : de orgueil : de vser.

Apocope Ie ne parleray plus de l'apostrophe, & viendray maintenant à declarer, que signifie vn petit poinct semblable à celuy de l'apostrophe. Ce petit poinct est signe d'vne figure nommée des Grecs, & Latins, Apocope. Et ainsi la nõment aussi les François par faute d'autre terme à eux propre. Ceste figure oste la voyelle, ou syllabe de la fin d'vn mot pour la necessité du vers: ou à fin que le mot soit plus rond, & mieux sonnãt.
Exemple:

Exemple : pri', suppli', com', hom', quel', el', tel', recommand', encor', auec', Pour prie, supplie, comme, homme, quelle, elle, telle, recommande, encores, auecques. En prose l'exemple peult estre grand' chose : quelle quel' soit : pour grande chose quelle, quelle soit. Car ainsi la prolation est plus douce & plus ronde. Au demourant il fault entendre, que les François vsent, outre ce que dessus, de deux sortes de characteres, lesquelz sont de telle figure, ' ..

Tous deux se signent sur voyelles : mais au reste ils sont bien differens. Le premier est signe de conionction : le second de diuision. Le premier r'assemble, r'vnit, & conioinct les parties diuisées : & ce en trois façons. La premiere, quand par vne figure fort vsitee nommee Syncope, concition ou *Syncope.* couppure (car ainsi se peult dire en François) vn mot est syncopé, c'est à dire diuisé, & diminué au milieu, puis les deux parties sont reionctes ensemble, la diuision, & r'vnion d'icelles est signifiée, par ledict charactere. Exemple, Laira, paira, vraiement, hardiment, donra. Pour Laissera, paiera, vrayement, hardiement, donnera. Et ainsi font souuent les Latins, comme l'on voit aux bonnes impressions, esquelles on trouue, *Diuûm, duûm, virûm,* Pour, *diuorum, duorum,*

T

duorum, virorum. La secõde façon de ceſte figure eſt, quand deux mots (deſquelz l'vn eſt detrõqué) ſont r'aſſemblés en vn. Exẽple, Au^ous, pour auez vous: qu'^auous, pour qu'auez vous: m'^auous, pour m'auez vous: n'^auous, pour n'auez vous: nous n'^auons, pour nous ne auôs. Tel eſt le commun vſage de la langue Françoiſe. La tierce façõ de ceſte figure eſt, quand deux voyelles ſont r'accourſies, & proferées en vne: ce qe ſe faict ſouuent en ryme principalement.

Exemple, Penſées: où les deux é è ſe paſſent pour vn proferé par tract de temp aſſez longuet, quaſi comme ſi lon diſoi penſés. Et note, que cecy eſt general e toutes dictions feminines, qui ſont formée des dictions maſculines, auſquelles la derniere voyelle eſt maſculine: & ce ſeulement au plurier nombre. Et ſi tu ſigne ceſte figure ſur les deux, e^e, il n'y faut point d'accent agu ſur le penultime, e Exemple, Courroucé, courroucée, courrou cé^es: Irrité, irritée, irrité^es: ſuborné, ſubornée, ſuborné^es. En telle ſorte doit on eſcri re en ryme: mais en proſe auec vn accen agu ſur le, é, penultime, ainſi, courroucées irritées, ſubornées. Par ceſte figure auſſi on dit aiſe^ement, nomme^ement, a^age, ou c^age: en faiſant de deux ſyllabes vne par

ſynereſe,

nerese, & r'accoursissement.   Synerese.

Le second charactere dessus mentionné,
qui est ˙˙ noté sur les voyelles, est celuy, par   Dierese.
lequel on faict au contraire de l'autre, duquel venons de parler. Car il signifie diuision, & separation, & que d'vne syllabe en ont faictes deux. Exemple, Païs, poëte: pour pa˙is, po˙ete.

Ce sont les preceptions, que tu garderas, quant aux accens de la langue Françoise: Lesquelz aussi obserueront tous diligens Imprimeurs: car telles choses enrichissent fort l'impression, & demonstrent, que ne faisons rien par ignorance.

Quant à l'accent enclitique, il n'est point   Accent
receuable en la langue Françoise, combien   enclitique.
qu'aucuns soient d'autre opinion, lesquelz
disent, qu'il eschet en ces dictions, ie, tu,
vous, nous, on, lon. La forme de cest accent
est telle ' : par ainsi ils voudroient estre
escrit en la sorte, qui sensuit, M'attendráy
ie vous? Feràs tu cela? Quád aurons nous
paix? Dit-on tel cas de moy? Voirrá lon iamais ces meschans puniz? De rechef ie t'auise, que cela est superflu en la langue Françoise, & toutes autres: car telz pronoms demourent en leur vigueur, encores qu'ilz
soient postposez à leurs verbes. Et qui plus
est, l'accent enclitique ne conuient qu'en

T 2   dictions

dictions indeclinables, comme sont en Latin, *ne, ve, q̃, nam.* Qu'ainsi soit, on n'escrit point en Latin en ceste forme; *Ferám ego id iniuria? Eris' tu semper tam nullius consilij? Auersabímini vos semper à robis pauperes?* Tien donc pour seur, que tel accent n'est propre aucunement à nostre langue. Qui sera fin de ce petit Oeuure.

✱

FIN DES ACCENS
DE LA LANGVE
FRANCOISE.

✱

TABLE DES DICTIONS ET SEN-TENCES NOTABLES de cé liure.

*

A

A, Elisé par apostrophe pag. 41
Accent 276
Accent enclitique 291
Antiquité & excellence de Poësie 3.5
Alexandrins, pourquoy ainsi appellés 27
Apocope 288
Apostrophe 34.283
Apostrophe, & son vsage pag. 34.40.234 & 235.
Apostrophe pour syncope & apocope 43
Ae, ai, ao, ne sont pas diphthongues 55
Aeu, & aou, ne sont diphthongues 57
Ai diphthonge a double son 59.& 236
Aöriste 71
A gardé en l'optatif & conionctif des verbes François 68
Arbre fourchu 136
Annexée 146.261

T 3 Ba

TABLE

B

Balade — pag. 97. 251
Bergerie — 120
Blason — 126. 258
Batelée — 151

C

CHois de mots ou vocables en Poësie pag. 18
Carme ou vers mal appellé ryme — 10
Comma — 273
Couppe feminine — 34. 281
Couppe feminine non obseruée des anciens — 33. 34
Cinq sortes de ryme — 44
Chariot de deux syllabes contre Marot — 60
C, & g, ont double prolation — 66
Couplet en Rondeau, Balade, & chant Royal — 89. 90
Chans pastoraux, nuptiaux, de ioye, de folie — 106
Cantique — 107. & 255
Chant Lyrique — 107. 110. & 255
Chant Royal — 101. 102. & 253
Comedie Latine — 123
Chanson — 114
Coq à l'asne — 125. & 257
Complainte — 135
Contrepetit de cour — 152

Con

TABLE.

Concatenée pag. 146. 261
Coniugata 146
Consonance 238
Couronnée 149. 262
Couronnée annexée 150

D

Dialogue, & de ses trois especes 118 & 156
Diuinité de Poësie 57
Deiphobe Sibylle 7
Dauid Poëte 7
Difference petite entre le Poëte & l'orateur 14
Damoiselles & amour, suiet de Poësie 19
Delie de M. Sceue. 20
Difference d'apostrophe & synalephe 40
Dierese 291
Demie syllabe en ryme qu'esse 47
Diastole 59
Diphthongues Françoises empruntées du Grec 54
Diphthongues Françoises empruntées du Latin 54
Diphthongues propres au François 55
Diphthongues de deux lettres 55. 56
Diphthongues de trois lettres 56. 57
Diphthongues de deux, & de trois lettres bien rymées contre soy dissoutes 64

TABLE.

Douzain, epigramme de douze vers pa. 84
Dizain, epigramme de dix vers 81
Definition 127. 258
Description 127
Deploration 134. 258

E

E Masculin 28. 279
E feminin 28. 30. 281
E demourant masculin deuant nt 38
Enthousiasme 6
Economie en Poësie 17. 20
E demourāt feminin ioint auec s, & nt 31
Elision d'e feminin par apostrophe 33. 42
El' pour elle
Eau, non eauë 42
Epistres & Eleg. 115. 116. 256
Equiuoque, ryme elegante 45
Equiuoque du mot rymé contre soymesme 52
Epigramme, qu'esse 77
Epigramme de deux, trois, quatre, cinq, & six vers 78. 79. 80
Eu dipthonge a double prolation 61
Ei diphthonge a double son 59
Epigramme de deux vers 78
Epigramme & Epitaphe 244
Enuoy 97. 98. 103

Enuoy

TABLE.

Enuoy au chant Royal   pag. 103
Enuoy de Balade   97. 101
Epilogue & Enuoy tout vn   98
Epistre   115. 244
Eclogue   119
Elegie   116
Enigme   131
Enchainée   148. 160
Emperiere   150
Echo   151. 263

Farce   123
Fratrisée, ryme.   147

G

Grand' pour grande   42
G, a double prolation   66
Grand œuure.   140

H

Hemistiche au Rondeau   92
Huitain, epigramme de huit vers 81

I

Inuention subtile requise au poëte. 14
Inuention premiere partie de poësie 13

TABLE.

Iuif d'vne syllabe contre Marot pag. 61
Ie suy, ie puy, pour ie suys, ie puys 73
Imperatif de verbe escrit sans s 72
Ieux amphitheatraux & sceniques 122

K

KYrielle 145. & 261

L

Louanges des dieux & des hommes chantées en vers 5. 6
Lien d'vne syllabe, & lierre de deux, contre Marot 60
Le langage François doit estre escrit, comme prononcé 74
Licence poëtique de Marot 72
Lisiere en ryme 137
Lay 135. 136. 259

M

Moïse poëte 7
Metre, carme, & vers en quoy different de ryme 11. 12
M'amour pour mon amour 41
Mesure 237
Mesure des syllabes 245
Miel

TABLE.

Miël & fiël de deux syllabes contre Marot
   pag. 60
Mimes ou Priapées   124
Moralité   122

N

Nature en poësie plus forte, que l'art
   pag. 15
Nouueaux mots   18.19
Neuf sortes de vers François   24
Neufain, epigramme de neuf vers   82
Naturel des François.   125

O

Oracles d'Apollo & de Themis   8
Ode   110

P

Palinode   145. 261
Periode   270
Parenthese   273
Poëtes appellés diuin & saints   6
Poësie sans estude ou precept   67
Des troys parties de poësie   237
Declaration & ornement de l'art Poëtique   260
Excellence de la poësie françoise   263
Phemonoë Sibylle   7
Poëte Rhetoricien   14
Proprieté des vers de huit syllabes   100
Priaprées

Priapées. pa.114
Psalme 255
Ponctuation 267
Poinct à queuë 271
Poinct final 274
Poinct interrogant 274
Poinct admiratif 275

Q

Quel' pour quelle 42
Quels verbes refusent l'a au preterit parfait indicatif 68
Quelz verbes ont a au preterit parfait indicatif. 67
Quatre especes de Rondeaux 89

R

Ryme qu'esse 10.50
Ryme d'ou ainsy appellée 11
Rymeurs & Poëtes en quoy different. pag.10.
Ryme de syllabe 46
Ryme d'vne syllabe & demie 47
Ryme plate 50
Ryme croisée 51
Ryme Goret 49
Ryme poure 48
Ryme riche 45
Ryme de diphtongue contre simple lettre 62

Ron

TABLE.

Rondeau double pa. 93 & 249
Rondeau d'ou ainsy appellé 88
Reprise de Rondeau 91
Ryme de cinq sortes 44
Rondeau simple 90
Rondeau en general 247
Rondeau en triolet 248
Rondeau simple 248
Rondeau parfait 94. 250
Refrain en la balade. 98
Ryme tierce. 130
Ryme retrograde 152
Rebus de Picardie 152
Roman de la rose 140

S.

Salomon poëte 7
Syllabe feminine, en fin de vers pour rien contée 31
Synalephe 40. 282
S'ainsy pour si ainsy 41
Samour pour son amour 41
Simple bien rymé contre son composé 51
Syncope 289
Synerese 291
S mal escrite & mal prononcée aux premieres personnes des verbes. 71.
Si

TABLE.

Situation	pa. 240
Septain, epigramme de sept vers	812
Seconde espece de moralité	122
Satyres françoses	125
Sestines de Petrarque	144
Senée	148. 260
Sonnet	86. 247
Syllabe	232
Syllabe & demye	47. & 239
Syllabe seule	239

T

Tel' pour telle	42
Triomphant' pour triomphante	42
T'amour pour ton amour	41
Triolet	89
Traduction	141

V

Vers de deux syllabes	25
Vers de 3. 4. 5. 6. & 7. syllabes	23. 24. 25. 26
Vers de 8. 10. & 12. syllabes	26
Vers François, de leur composition & diuerse facture	241
Vers François, de neuf sortes	22
Vers Alexandrins	pa. 27

Vers

TABLE.

Vsage de ryme qu'esse	10
Vniformité en ryme qu'esse	86
Vnzain, epigramme de vnze vers	83
Virelay	136
Version	141
Vers non rymés	143

FIN DE LA TABLE.

www.ingramcontent.com/pod-product-compliance
Lightning Source LLC
Chambersburg PA
CBHW071605170426
43196CB00033B/1790